MONEY GOALS!

Heinz-Peter Arndt • Birgit Wetjen

Stiftung Warentest

Ich will meine Familie absichern

Mit einem klugen Plan schützen Sie Ihre Lieben bestmöglich vor Risiken. Und Sie gleichen Einkommensunterschiede aus.

Voll ins Schwarze: So erreichen Sie Ihre Money Goals

Wer genau weiß, was er will, kann mehr erreichen. Wir zeigen Ihnen, wie Sie aus vagen Vorsätzen konkrete Ziele machen und diese umsetzen können.

Ich will eine Immobilie kaufen oder bauen

Kaufpreise und Finanzierungskosten schrecken viele ab. Wir zeigen, wie Sie Ihren Wunsch dennoch umsetzen können. Der Schlüssel ist: Aufbau von Eigenkapital.

48

13

88

Inhalt

Money Goals – So erreichen Sie Ihre Geld-Ziele
Ein smarter Plan ist ein Must-have 4
Welches Money-Goal verfolgen Sie? 5
Überprüfen Sie Ihre Glaubenssätze! 8
Ganz SMART mit fünf Schritten zum Ziel 13
Noch ein paar Einstiegstipps 16

01 **Ich will am Monatsende Geld übrig haben 20**
02 **Ich will meine Schulden abbauen 29**
03 **Ich will mir etwas Größeres gönnen 39**
04 **Ich will meine Familie absichern 48**
05 **Ich will Geld für meine Kinder anlegen 62**
06 **Ich will fürs Alter vorsorgen 75**
07 **Ich will eine Immobilie kaufen oder bauen 88**
08 **Ich will ein Sabbatical finanzieren 100**
09 **Ich will früher in Rente gehen 110**
10 **Ich will finanzielle Freiheit erreichen 123**
11 **Ich will von meinen Ersparnissen leben 132**
12 **Ich will meinen Nachkommen Geld vererben 146**

Stichwortverzeichnis 158

Ein smarter Plan ist ein Must-have

Jeder gute Weg braucht ein Ziel – auch bei der Geldanlage. Wenn Sie wissen, wo genau Sie ankommen wollen, werden mögliche Pannen und Hindernisse Sie nicht irritieren. Machen Sie sich für jedes Ziel einen Plan. Dieses Buch hilft Ihnen, Ihre Money Goals zu erreichen!

Sie möchten sich um Ihre Altersvorsorge kümmern? Oder endlich Ihre Schulden abbauen? Das sind hehre Ziele. Aber Hand aufs Herz: Werden aus Ihren Vorsätzen auch Taten? Oder geht es Ihnen damit wie vielen Menschen, die „mal abnehmen", „eigentlich mit dem Rauchen aufhören" oder „mehr Sport" machen wollen? Die Erfahrung zeigt: Ohne Plan droht so manch allgemein gefasster Vorsatz sehr schnell in Vergessenheit zu geraten. Wie genau ein smarter Plan funktioniert, zeigen wir ab Seite 13 „Ganz SMART mit fünf Schritten zum Ziel".

Planlosigkeit herrscht häufig, wenn es um die Finanzen geht. Dabei ist das Setzen finanzieller Ziele ein wichtiger Schritt auf dem Weg zu einem selbstbestimmten und sicheren Leben. Doch anstatt Verantwortung für die eigenen Finanzen zu übernehmen, bleibt es oft bei vagen Vorhaben: „Ich müsste noch etwas für die Altersvorsorge tun." Vergessen Sie solche Ansätze. Denn zum einen mag das Gehirn nicht „müssen" – überlegen Sie sich lieber, was Ihnen ermöglicht wird, wenn Sie ein Ziel erreicht haben. Oder anders formuliert: Überlegen Sie einfach mal, wie Ihre finanzielle Zukunft aussähe, wenn Sie nicht handeln. Möchten Sie im Alter jeden Cent dreimal umdrehen, auf Unterstützung vom Staat oder gar auf Ihre Kinder angewiesen sein?

Zum anderen bleibt der simple Vorsatz so vage, dass man nicht ins Handeln kommt und die Zeit ohne Handeln verstreicht. Wer so an ein Ziel herangeht, hat wenig Aussicht auf Erfolg.

Es ist daher wichtig, aktiv zu werden: die finanzielle Lage zu sondieren, Ideen zu sammeln – oder sie auszumisten, Ziele zu formulieren und Überzeugungen, sprich „Glaubenssätze", zu hinterfragen. Dieser Ratgeber begleitet Sie ab jetzt. Schritt für Schritt.

Welches Money Goal verfolgen Sie?

Möchten Sie für das Alter vorsorgen, sich kurzfristig einen Traum erfüllen oder eine Immobilie finanzieren? Je nach Ziel und Zeithorizont sind unterschiedliche Strategien gefragt. Wir sagen, worauf es ankommt.

Einfach Geld sparen und wenn möglich Zinsen oder Rendite erzielen? Vielleicht haben Sie einen Sparplan, ein Tagesgeldkonto oder ein Depot. Dagegen ist prinzipiell nichts einzuwenden. Aber passt das zu dem, was Sie erreichen wollen? Haben Sie überhaupt ein konkretes Ziel?

Bevor Sie beginnen, Geld anzulegen, sollten Sie Ihre Anlageziele definieren. Denn unterschiedliche Ziele erfordern unterschiedliche Strategien, die mit unterschiedlichen Instrumenten umgesetzt werden können. Wollen Sie flexibel, sprich: flüssig bleiben? Benötigen Sie zu einem bestimmten Zeitpunkt eine bestimmte Summe an Geld – und brauchen Sie deshalb (Planungs-)Sicherheit? Oder überlegen Sie, sich eine attraktive Zusatzrente aufzubauen – und haben dafür viele Jahre Zeit?

Grundsätzlich gibt es drei wichtige Kriterien, auch „magisches Dreieck der Geldanlage" genannt: Egal welches Ziel Sie ansteuern, wie viel Risiko Sie vertragen, Sie steuern stets zwischen den Zielpunkten Sicherheit, Verfügbarkeit und Rendite. Daher gilt es, genau abzuwägen und eine Strategie zu entwickeln, die zu Ihrem konkreten Anlageziel passt.

Angenommen, Sie möchten eine Immobilie kaufen. Dann benötigen Sie Ihr ganzes Gespartes, sobald Sie ein passendes Objekt gefunden haben. Sie brauchen ein hohes Maß an Sicherheit und Flexibilität. Ihr Geld ist dann auf einem Tagesgeldkonto gut aufgehoben: Die Rendite ist niedrig, aber Sie können jederzeit über Ihr Geld verfügen.

Anders ist die Situation, wenn Sie beispielsweise in fünf Jahren einen Kredit ablösen wollen. Dann sind Sicherheit und Planbarkeit die wichtigsten Kriterien – und auch dann müssen Sie Abstriche bei der Rendite machen. Auf einem Festgeldkonto gibt es in der Regel zwar höhere Zinsen als auf einem Tagesgeldkonto, aber die Rendite fällt schmaler als mit Aktieninvestments aus.

Hingegen stehen guten Renditechancen in der Regel hohe Risiken gegenüber. Die können Sie unter Umständen tragen, wenn Sie langfristig Vermögen für das Alter aufbauen möchten. Sehr gute Renditechancen bieten über lange Zeiträume beispielsweise Aktien, Investmentfonds oder ETF – später mehr dazu. Bei diesen Anlagen müssen Sie zwar mit zwischenzeitlichen Rücksetzern rechnen. Aber wenn Sie für Ihre Investition lange Zeit haben, können Sie etwaige Kursverluste aussitzen und unter dem Strich von attraktiven Renditen profitieren.

Zeithorizonte und Renditen

Der Zielkonflikt zeigt, wie wichtig es ist, die Anlageziele genau zu definieren und eine Strategie zu entwickeln, die zu den Zielen passt. Damit Sie Ihr Ziel erreichen, ist auch Ihr Zeithorizont entscheidend. Denn wenn es an den Börsen turbulent wird und die Kurse an den Aktienmärkten einbrechen, kann es unter Umständen lange dauern, bis das alte Kursniveau wieder erreicht wird. Seit der Jahrtausendwende haben wir in Deutschland zwei lange Durststrecken an der Börse erlebt. Nach dem Platzen der Dotcom-Blase (2000) brach der Kurs der im Dax gebündelten ersten deutschen Aktienliga binnen drei Jahren um gut 70 Prozent ein. Und die Erholung verlief schleppend. Mehr als sieben Jahre mussten Investoren warten, bis der Index sein Vorkrisenniveau wieder erreicht hatte. Fünf Jahre später, im Jahr 2008, platzte die US-Immobilienblase. Das war der Beginn der Finanzkrise, die die internationalen Märkte über Jahre beschäftigen sollte. Der Dax beispielsweise brauchte mehr als fünf Jahre, um das Vorkrisenniveau wieder zu erreichen. Wer diese Zeit nicht hatte und vorher verkaufen musste, hat viel Geld verloren!

Wenn Sie auf absehbare Zeit Kapital für einen Immobilienkauf benötigen, Ihr Geld also schnell oder unter Umständen sogar kurzfristig verfügbar sein soll, ist ein hoher Anteil an Tagesgeld die bessere Wahl. Wenn Sie aber zu einem bestimmten Termin liquide sein möchten, etwa in drei Jahren, weil dann ein Kredit abgelöst werden soll oder Sie eine Wo-auch-immer-Safari planen, kommt eventuell Festgeld für Sie infrage: Sie legen dann für einen vorher festgelegten Zeitraum Geld auf ein Festgeldkonto an. Dafür bekommen Sie in der Regel höhere Zinsen als für Tagesgeld. Sie können abervor Ablauf der Anlagefrist nicht über Ihr Geld verfügen.

Sicherheit und Planbarkeit bieten auch Staatsanleihen von Herausgebern (Emittenten) mit hoher Kreditwürdigkeit (Bonität). Wer in diese Papiere investiert, erhält einen vorab festgelegten Zins – und am Ende der Laufzeit das eingezahlte Kapital zurück. Zwar werden Anleihen auch während der Laufzeit gehandelt, Investoren bleiben also flexibel. Aller-

Wichtige Parameter für Ihren Finanzplan

Kleiner Unterschied, große Wirkung: Je länger Sie Ihr Geld investieren und je höher die Rendite p. a., desto stärker profitieren Sie vom Zinseszins-Effekt. Auf der Langstrecke steigt der Vermögenszuwachs exponentiell. Die Tabelle zeigt, welche monatlichen Sparraten und wie viele Jahre Sie bei unterschiedlichen Renditen brauchen, um 10 000 Euro anzusparen. Im Chart unten sehen Sie, wie viel aus einer Anlage von 1000 Euro bei unterschiedlichen Renditen über 25 Jahre werden kann, wenn die jeweiligen Erträge wiederangelegt werden.

Zeitraum (Jahre)	Monatlicher Sparbetrag in Euro bei einer Rendite von ... (% p.a.)				
	3	4	5	6	7
5	154	151	147	143	140
10	72	68	65	61	58
15	44	41	38	35	32
20	31	27	25	22	20
25	22	20	17	15	13

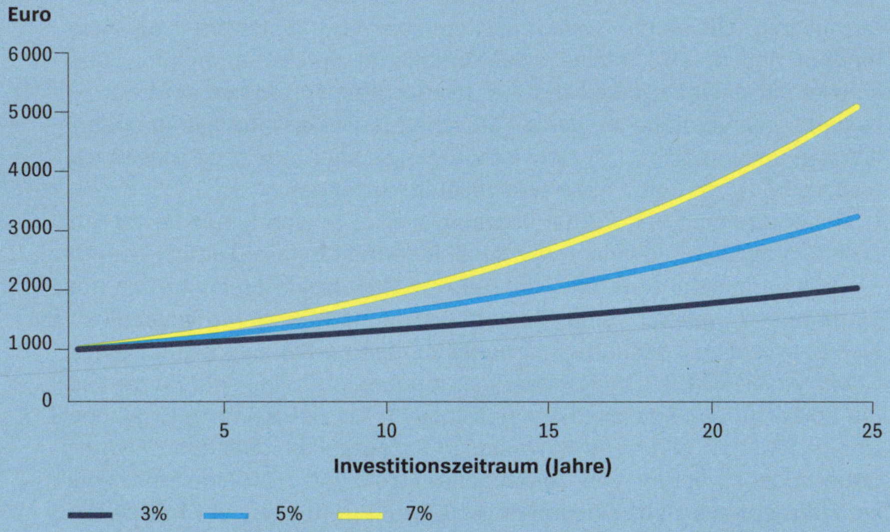

dings kann der Kurs dann oberhalb oder unterhalb des Nennwerts notieren, es sind also Kursgewinne, aber auch Verluste möglich. Falls Sie einen längeren Anlagezeitraum haben, eignen sich Festgeld oder kurzlaufende Staatsanleihen nur bedingt, weil Sie sich nach Ende der Laufzeit um die Wiederanlage kümmern müssen. Das schafft unnötigen Aufwand. Zudem verzichten Sie auf Rendite, weil es auf lange Sicht renditestärkere Anlagen gibt. Mehr dazu erfahren Sie ab S. 80.

Überprüfen Sie Ihre Glaubenssätze!

Oft hindern tief und früh verankerte „Glaubenssätze" uns daran, Money Goals zu formulieren oder zu erreichen. Wer Althergebrachtes ausmustert, kommt leichter zum Ziel.

Tendieren Sie dazu, die Dinge im Vagen zu halten? Damit stünden Sie nicht alleine da. Vielen Menschen fällt es schwer, ein konkretes Ziel zu formulieren. Oft stehen Glaubenssätze konkreten Zielen im Weg – sie hindern uns daran, Geldziele zu formulieren und zu erreichen. „Das schaffe ich nicht." „Das ist mir viel zu kompliziert!" „Aktien sind mir zu riskant." „Ich verdiene zu wenig." „Reiche Menschen sind gierig, unehrlich und unsympathisch." „Geld ist die Wurzel allen Übels, da mache ich nicht mit!" .... die Reihe ließe sich beliebig fortführen.

Haben Sie sich schon mal überlegt, wer oder was Sie in Bezug auf Geld geprägt hat? Vielleicht war Bescheidenheit in Ihrer Familie Trumpf – und es erscheint Ihnen anmaßend, von finanzieller Freiheit auch nur zu träumen? Vielleicht sind Sie Künstler und halten es für „niveaulos", sich mit Geld zu beschäftigen? Vielleicht setzen Sie sich keine Money Goals, weil Geld Sie schlicht gar nicht interessiert? Vielleicht halten Sie die Börse für ein Spielcasino – und folglich für viel zu riskant? Solche Überzeugungen wirken unbewusst und steuern das Handeln. Neuro-Ökonomen sprechen von „Entscheidungsillusion". Die meisten Entscheidungen werden unbewusst getroffen: Wir denken, wir hätten die

Zügel in der Hand, doch tief im Unterbewusstsein verankerte Überzeugungen hindern uns. Aber: Sie können Ihre Glaubenssätze auflösen, Money Goals formulieren lernen und vernünftige Geldentscheidungen treffen.

Wer oder was hat Sie im Umgang mit Geld geprägt? Nehmen Sie sich etwas Zeit, um das herauszufinden. Notieren Sie sich Ihre Gedanken und Erinnerungen. Welche Gefühle kommen hoch? Welche Leitsätze haben sich eingebrannt? Und welche Werte liegen dahinter? Schreiben Sie konkrete Fragen auf, die Sie sich selbst stellen können, etwa: „Was glaube ich über Geld?" „Was würde ich einer Freundin in meiner Situation raten?" Wir nehmen nun ein paar gängige Aussagen unter die Lupe.

„Geld ist mir nicht so wichtig!"

Geld ist nicht alles, aber ohne Geld ist es auch nicht schön – Sie sind dann in Ihren Möglichkeiten sehr eingeschränkt. Machen Sie sich deshalb bewusst, was möglich wird, wenn Sie finanziell gut aufgestellt sind. Finanzielle Unabhängigkeit ermöglicht ein hohes Maß an Freiheit. Möchten Sie sich im Alter etwas gönnen, das Leben auf Reisen, bei Konzerten, im Theater oder in guten Restaurants genießen? Oder möchten Sie jeden Cent dreimal umdrehen müssen und womöglich dem Staat oder Ihren Kindern für ein Minimum auf der Tasche liegen?

„Mir ist das alles viel zu kompliziert!"

Geldanlage ist kein Hexenwerk. Lassen Sie sich nicht von Fachbegriffen und komplexen Produkten abschrecken. Mit dem von Stiftung Warentest entwickelten Pantoffel-Portfolio (siehe ab S. 80) können Sie auch ohne große Wertpapier-Vorkenntnisse bequem mehr aus Ihrem Geld machen. Wenn Sie nach der SMART-Methode, die wir im nächsten Abschnitt vorstellen, vorgehen, gelangen Sie einfach und Schritt für Schritt zum Ziel!

„Ich verdiene nicht genug, um Geld zurückzulegen!"

Möglich, dass Sie wenig finanziellen Spielraum haben. Aber bedenken Sie: Kleinvieh macht auch Mist! Ein ETF-Sparplan (siehe S. 18) ist schon ab wenigen Euro im Monat möglich. Verschaffen Sie sich erst einmal einen detaillierten Überblick – ein Budgetplan hilft, mögliches Sparpotenzial zu identifizieren, das Sie in den Vermögensaufbau stecken können. Vor allem auf lange Sicht sorgt der Zinseszinseffekt dafür, dass sich Ihr Geld vermehrt. Gleich mehr dazu.

„Ich bin zu jung, um ans Alter zu denken!"

Zu jung geht nicht, denn Zeit ist beim Vermögensaufbau bares Geld. Das liegt am „Zinseszinseffekt". Je länger Ihr Geld für Sie arbeitet, desto besser. Sie können sich den Zinseszinseffekt am besten verdeutlichen, wenn Sie sich an einen Sparplanrechner setzen und unterschiedliche Daten eingeben. Variieren Sie beispielsweise bei gleicher jährlicher Rendite die Laufzeit: Beispiel: Wenn Sie zehn Jahre monatlich 100 Euro investieren und 7 Prozent Rendite p.a. (pro Jahr) erzielen, haben Sie 12 000 Euro einbezahlt und 5200 Euro Rendite vor Steuern erzielt. In 40 Jahren mit monatlichen Investments von 100 Euro kämen Sie auf 48 000 Euro investiertes Kapital und knapp 201 000 Euro Rendite. Das heißt: Über den langen Zeitraum hätten Sie bei gleich hoher Rendite „nur" das Vierfache einbezahlt, aber knapp das 39-Fache an Rendite erzielt!

„Ich bin zu alt, um noch Geld-Ziele zu erreichen"

Ziele können Sie in jedem Alter erreichen. Sie möchten Ihr Geld an Ihre Kinder oder Enkel vererben? Kein Problem, wenn Sie nach der auf Seite 13 vorgestellten Methode vorgehen. Oder ist es Ihr Ziel, die gesetzliche Rente durch eine private Zusatzrente aufzustocken? Dann prüfen Sie Ihre Möglichkeiten! Selbst mit 60+ lässt sich Aktienvermögen aufbauen.

IM ALTER REICH: Die Bestsellerautorin Beate Sander hat's geschafft. Mit 60 Jahren hatte die vormalige Realschullehrerin begonnen, in Aktien zu investieren. Bis zu ihrem Tod 2020 hatte die 82-Jährige ein Millionenvermögen aufgebaut. Zugegeben, eine Ausnahme: Sie hat sich rund um die Uhr mit Aktien- und Unternehmensanalysen beschäftigt.

Aber es muss ja nicht gleich von 0 auf 100 sein. Selbst mit 60 Jahren können Sie Ihr angespartes Kapital investieren. Bedenken Sie: Auch nach Renteneintritt kann Ihr Geld Rendite für Sie erzielen. Mit einem Entnahmeplan (siehe S. 144) stocken Sie Ihre Rente dann um den gewünschten Betrag auf.

„Finanzielle Freiheit ist nur etwas für Millionäre!"

So ein Glaubenssatz dient schnell als Vorwand, sich gar nicht mit seinen Finanzen zu beschäftigen. Motto: Geld hat man – oder man hat es nicht. Doch von nichts kommt nichts. Was bedeutet für Sie finanzielle Freiheit? Machen Sie Ihr Ziel konkret. Möchten Sie neben Ihrer gesetzlichen Rente 500 oder 2000 Euro Zusatzrente erwirtschaften? Sobald Sie Ihr Ziel nach der SMART-Methode (siehe S. 13) formuliert haben, setzen Sie sich an einen Sparplanrechner und geben unterschiedliche Anlagesummen mit unterschiedlicher Verzinsung und unterschiedlichem Anlagezeitraum ein. Sie werden staunen, wie gut sich Ihr Kapital vermehrt.

Ein Beispiel: Wenn Sie mit 25 Jahren beginnen, 40 Jahre lang jeden Monat 100 Euro in einen Welt-Aktien-ETF zu investieren, kommt bei durchschnittlich 7 Prozent Rendite pro Jahr ein stattliches Vermögen vor Steuern von einer Viertelmillion Euro dabei raus. Bei investierten 200 Euro im Monat kämen Sie demnach auf knapp eine halbe Million. Sie können auch mit kleinen Sparraten beginnen und später aufstocken. Vielleicht schaffen Sie es schneller als gedacht, Ihre gewünschte Zusatzrente aufzubauen. Und vielleicht müssen Sie dann nicht mehr träumen, sondern sind längst selbst Millionärin oder Millionär?

„Mir ist Börse viel zu riskant!"

Viele schrecken vor Aktieninvestments zurück, denn sie wollen kein Geld verlieren. Das verwundert nicht, Verluste tun fast schon körperlich weh, und nicht selten setzt der Verstand regelrecht aus, denn Geld aktiviert Bereiche im Gehirn, die auch durch Nahrung, Drogen oder Sexualpartner angeregt werden. Experimente zeigen, dass Verluste doppelt so schwer wiegen wie Gewinne. Neun mal 100 Euro Verlust und 1000 Euro Gewinn werden als Verlust wahrgenommen, obwohl unter dem Strich ein Plus von 100 Euro steht. Wegen der hohen Anzahl der Niederlagen schlägt das Gefühlspendel in Richtung Verlust aus. Und vor negativen Gefühlen und realen Verlusten wollen sich Menschen instinktiv schützen.

Was aber ist Risiko? Bei der Geldanlage wird Risiko in Schwankungen gemessen. Aktien und Aktienfonds gelten deshalb als Risikopapiere, weil die Börsenkurse nach oben ziehen und wieder korrigieren. Tatsächlich ist die Börse keine Einbahnstraße, kräftige Rücksetzer wird es immer geben – eine garantierte Rendite gibt es mit Aktieninvestments nicht. Auf lange Sicht jedoch können Sie mit Aktien eine attraktive Rendite erzielen. Beispiel MSCI World Index: Wer 2004 in einen ETF auf den MSCI I investiert hat, konnte in den 20 Jahren bis 2024 im Schnitt 7,4 Prozent Rendite pro Jahr erzielen. Aus investierten 25 000 Euro wurden in der Zeit 104 000 Euro und gut 80 000 Euro nach Steuerabzug – gegenüber 37 000 bzw. 34 000 Euro bei einer Verzinsung von 2 Prozent!

Riskant – und von vielen gar nicht wahrgenommen – ist der schleichende Wertverlust des Geldes. Liegt Ihr Erspartes unverzinst auf dem Girokonto? Dann wird es aufgrund der allgemeinen Preissteigerung laufend weniger – es schmilzt wie Eis in der Sonne dahin. Angenommen,

Sie haben 30 000 Euro ohne Guthabenzinsen auf dem Girokonto gespart, die Inflation liegt bei 2 Prozent, dem Wert also, den die Europäische Zentralbank als Zielmarke ausgerufen hat und der per Definition der Währungshüter „Geldwertstabilität“ beschreibt. Schon bei diesem moderaten Preisanstieg verlieren Sie in zehn Jahren 5400 Euro! Ihr Geld auf dem Konto ist in zehn Jahren zwar noch da, aber es ist 5400 Euro weniger wert, Sie können also deutlich weniger für Ihr Geld kaufen. Wer aus Angst vor Risiken Geld unverzinst auf dem Girokonto lässt, hat mit Sicherheit Geld verloren. Auch hier wieder der Rat: Setzen Sie sich an einen Zinsrechner und spielen Sie verschiedene Szenarien durch.

„Im aktuell turbulenten Umfeld möchte ich nicht investieren. Ich warte noch ab!“

Die Zeiten sind unruhig, und Sie warten lieber noch auf den richtigen Moment, um sich Geld-Ziele zu erfüllen? Das ist aus dem Bauch heraus verständlich, aber keine gute Idee! Bedenken Sie: Jede Krise ist gefühlt immer die schlimmste Krise – allein seit der Jahrtausendwende haben wir mit dem Platzen der Dotcom-Blase, der Finanzkrise, der Euro- und Staatsschuldenkrise, der Brexit-Krise, der Coronakrise, den Angriffen Russlands auf die Ukraine und dem Krieg im Nahen Osten eine Krise nach der anderen erlebt. Wer aufgrund der Turbulenzen nicht investiert war, hat das teuer bezahlt. Denn der Welt-Aktienindex MSCI World hat seit der Jahrtausendwende bis 2022 durch alle Krisen hindurch ein Plus von 8,8 Prozent p.a. erzielt. Und seit 2023 ging es noch einmal um gut 40 Prozent bergauf. Wenn Sie also zur Jahrtausendwende 10 000 Euro in einen ETF auf den MSCI World investiert hätten, stünden heute vor Steuern knapp 90 000 Euro zu Buche. Starten Sie besser direkt! Der Versuch, den richtigen Zeitpunkt für Investments zu finden, ist verständlich, aber Timing gelingt selbst Profis nur selten. Time in the Market ist wichtiger als Market-Timing! Vor allem dann, wenn Sie langfristig Vermögen aufbauen möchten, sollten Sie lieber heute als morgen beginnen.

Ganz SMART mit fünf Schritten zum Ziel

Ob Sie Geld für die Kinder anlegen, für das Alter vorsorgen, eine Immobilie finanzieren oder Schulden abbauen wollen: Die SMART-Methode hilft, finanzielle Ziele zu erreichen.

Wie lässt sich aus einem vagen Wunsch ein greifbares Ziel machen? Ganz leicht mit der SMART-Methode. Sie ist einfach und dennoch wirkungsvoll: Sie erhöht die Chancen, das Ziel wirklich zu erreichen, und kann auf fast jedes finanzielle Ziel angewendet werden.

SMART ist ein Akronym und steht für: Specific, Measurable, Achievable, Reasonable und Time-bound – zu Deutsch: Spezifisch, Messbar, Attraktiv, Realistisch, Terminiert. Die Strategie wurde vom Unternehmer und Managementberater George T. Doran Anfang der 1980er-Jahre ursprünglich für den Unternehmenskontext entwickelt. Mit der SMART-Methode kann man Ziele entwickeln, die zwar herausfordernd, aber realistisch, messbar und terminiert sind und die für einen selbst oder für andere motivierend wirken. Beispielsweise könnte ein Unternehmen das Ziel formulieren: „Bis zum Ende des nächsten Quartals wollen wir die Verkaufszahlen um 10 Prozent steigern, indem wir zwei Influencer beauftragen und eine neue Marketingkampagne starten." Dieses Ziel ist spezifisch, messbar, erreichbar, relevant und hat eine klare Frist.

Die SMART-Methode wird insbesondere in der Personalführung eingesetzt, lässt sich aber auf viele andere Bereiche übertragen – darunter Projektmanagement, persönliche Zielsetzung, Bildung, Coaching und eben auch Finanzen. Doran selbst wollte das Konzept als hilfreiches Gerüst verstanden wissen – nicht jedes Ziel müsse nach seiner Vorstellung sämtliche fünf SMART-Kriterien vollständig erfüllen. Dennoch hat sich das vollständige SMART-Prinzip als Standard etabliert, auf das sich alle Ziele herunterbrechen lassen, siehe dazu auch die Grafik auf Seite 17.

Spezifisch statt Wunschdenken!

Wenn Sie nach der SMART-Methode vorgehen, besteht der erste Schritt darin, das Ziel so konkret oder spezifisch (S) wie möglich zu formulieren.

Vage Aussagen wie „Ich möchte Geld sparen" sind weder motivierend noch zielgerichtet. Indem Sie Ihr Ziel präzise formulieren, geben Sie sich eine klare Richtung vor. Wofür genau möchten Sie Geld sparen? Ein spezifisches Ziel könnte beispielsweise sein, sich einen Kindheitstraum zu erfüllen und auf Safari zu gehen. Dadurch wird das Ziel greifbarer. Sie können dann recherchieren, was eine Safari kostet, und Ihr Ziel dann weiter präzisieren. Statt „Ich will Geld sparen" formulieren Sie: „Ich möchte 5000 Euro für eine Safari sparen." Mit dem klaren Ziel vor Augen fällt es leichter, einen konkreten Plan zu entwickeln und sich für die Umsetzung zu motivieren.

Messbar, um Fortschritte greifbar zu machen!

Als Zweites konkretisieren Sie, wie genau Sie das Ziel erreichen möchten. Wollen Sie monatlich Geld sparen? Oder jährlich das Urlaubsgeld ansparen, um Ihr Ziel zu erreichen? Machen Sie sich einen genauen Plan, der kontrollierbar ist. Eine Erfolgskontrolle sorgt für Disziplin und ist zugleich Ansporn. Die Fortschritte sollten deshalb messbar sein. Statt „Ich lege dafür jeden Monat Geld zurück" formulieren Sie „Ich lege dafür jeden Monat 140 Euro zurück". So können Sie regelmäßig prüfen, ob Sie auf Kurs sind. Auch ist es möglich, Zwischenziele festzulegen, wie: „Nach meinem Kassensturz weiß ich, wo ich unnötig Geld raushaue. Bis Mitte des Jahres will ich meinen überzogenen Dispo von 700 Euro ausgleichen." Damit können Sie ein großes und unerreichbar erscheinendes Ziel in greifbare Etappen unterteilen.

Ist Ihr Ziel attraktiv und bringt Ihnen einen Nutzen?

Damit Sie motiviert sind und auch durchhalten, bis Sie am Ziel sind, sollte Ihr Ziel attraktiv sein, Ihnen also einen großen, persönlichen Nutzen bringen. Machen Sie sich diesen Nutzen klar. Vorsätze wie „Ich müsste mal was für die Altersvorsorge tun" sind da wenig hilfreich. Überlegen Sie lieber, was möglich wird, wenn Sie im Alter finanziell unabhängig sind. Oder andersherum: Was erwartet Sie, wenn Sie nicht handeln? Möchten Sie im Alter – wie bereits erwähnt – jeden Cent zweimal umdrehen müssen oder auf staatliche Unterstützung oder gar auf Unterstützung Ihrer Kinder angewiesen sein? Warum also ist Ihnen dieses Ziel wichtig? Was verändert sich für Sie, wenn Sie Ihr Ziel erreichen? „Ich möchte im Alter genug Geld zur Verfügung haben, damit ich unabhängig bin" oder „auf Reisen gehen" – oder „mir eine gute Pflege leisten kann" wären mögliche Ziele.

Der Nutzen ist individuell sehr verschieden. Am Beispiel „5000 Euro für eine Safari sparen" könnte Ihr Nutzen sein, sich einen Kindheitstraum zu erfüllen. Am Beispiel des Schuldenabbaus, nicht unnötig Geld für Überziehungszinsen auszugeben, sondern sich mit dem dann Ersparten Wünsche zu finanzieren. Oder aber finanziell handlungsfähig zu bleiben und nicht wegen Mietrückständen die Wohnung zu verlieren.

Die Attraktivität eines Zieles ist wichtig. Denn nur, wenn Sie ein Ziel als lohnend empfinden, werden Sie bereit sein, dafür auf andere Dinge zu verzichten oder anstrengende Phasen durchzuhalten. Die Aussicht auf Erfolg ist am größten, wenn das Ziel nicht von außen auferlegt ist, sondern aus einem echten inneren Wunsch entsteht. Visualisieren Sie Ihr Ziel, das schafft zusätzliche Motivation. Bilder von exotischen Tieren und leuchtenden Farben motivieren stärker als ein abstrakter Sparplan.

Passt Ihr Ziel zu Ihren Mitteln?

Ihr Ziel sollte Realistisch, also erreichbar sein. Es bringt nichts, sich zu viel vorzunehmen und dann frustriert aufzugeben. Ein realistisches Ziel berücksichtigt die persönliche Lebenssituation, insbesondere das Einkommen und die monatlichen Ausgaben. Machen Sie einen Kassensturz. Haben Sie Schulden? Dann ist der Schuldenabbau das erste Ziel! Oder reicht Ihr Geld bisher gerade für die Miete und das Nötigste aus? Dann kontrollieren Sie Ihre Ausgaben und sparen erst einmal eine Notreserve an. Vorher werden Sie kaum 140 Euro im Monat für eine Safari ansparen können. Überlegen Sie also genau, was Sie mit Ihrem Einkommen realistisch leisten können. Und prüfen Sie auch, ob und, wenn ja, welche Ausgaben Sie eventuell streichen können, um Ihr Ziel zu erreichen.

Ein klarer Zeitplan sorgt für Struktur

Ein Ziel ohne Enddatum bleibt vage. Wenn Sie ein Ziel ernsthaft verfolgen, braucht es einen klaren Zeitrahmen. Der macht das Ziel verbindlich und ermöglicht Ihnen eine gezielte Planung. „Ich möchte irgendwann einmal eine Safari machen" ist vielmehr ein Wunsch denn ein Ziel. Anders ist es, wenn Sie entscheiden: „Ich möchte in drei Jahren auf Safari gehen und bis dahin 5000 Euro angespart haben." Dann können Sie das Ziel konkretisieren und ausrechnen, wie viel Geld Sie pro Monat zurücklegen müssen, um in drei Jahren auf den gewünschten Betrag zu kommen. Ist das Ziel terminiert, können Sie Ihren Fortschritt regelmäßig überprüfen. Ein fester Termin erzeugt auch ein gewisses Maß an positiver Verbindlichkeit: Man weiß, dass es einen Abschluss gibt, auf den man hinarbeitet. Sie können die Umsetzung Ihres Planes dann auch automatisieren – zum Beispiel per Sparplan (siehe unten).

Ihr smartes Ziel könnte also heißen: „Ich möchte viele schöne Reisen machen, wenn ich in Rente bin. Dafür lege ich jeden Monat 200 Euro zurück." Oder: „Ich möchte in drei Jahren 5000 Euro ansparen, um mir meinen Lebenstraum zu erfüllen und auf Safari zu gehen. Dafür lege ich jeden Monat 140 Euro zurück!"

Wir stellen Ihnen kapitelweise die folgenden zwölf Money Goals vor und sagen, wie Sie Ihre Geld-Ziele mit der SMART-Methode klar, strukturiert und realisierbar formulieren sowie umsetzen können: Ich will am Monatsende Geld übrig haben (Kapitel 1). Ich will meine Schulden abbauen (2), Ich will mir etwas Größeres gönnen (3). Ich will meine Familie absichern (4). Ich will Geld für meine Kinder anlegen (5). Ich will fürs Alter vorsorgen (6). Ich will eine Immobilie kaufen oder bauen (7). Ich will eine Auszeit (Sabbatical) finanzieren (8). Ich will früher in Rente gehen (9). Ich will finanzielle Freiheit erreichen (10). Ich will von meinen Ersparnissen leben (11). Ich will meinen Nachkommen Geld vererben (12).

Noch ein paar Einstiegstipps

Wenn Sie sich erst einmal ein smartes Ziel gesetzt haben, ist der wichtigste Schritt getan. Wir erklären Ihnen, mit welchen Werkzeugen Sie Ihre Pläne umsetzen können.

Egal, welches Money Goal Sie haben, der erste Schritt ist es immer, sich einen detaillierten Überblick über die Finanzen zu verschaffen. Wie viel Geld kommt jeden Monat rein – und wie viel Geld haben Sie nach Abzug der fixen Kosten zur Verfügung? Ein Budgetplan schafft Klarheit. Er gibt einen detaillierten Überblick über Einnahmen und Ausgaben und hilft Ihnen, zum einen nicht über Ihre Verhältnisse zu leben und zum anderen mögliche Sparpotenziale zu erkennen. Einmal begonnen, fördert ein Budgetplan nicht nur das Bewusstsein für Ihre Finanzen und hilft Ihnen,

Seien Sie SMART!

Vorsätze alleine bringen keine Ergebnisse. Um aus einem vagen Wunsch ein greifbares Ziel zu machen, hilft die SMART-Methode. Sie ist einfach und dennoch wirkungsvoll, weil sie die Chancen erhöht, das Ziel wirklich zu erreichen. Die SMART-Methode kann auf fast jedes finanzielle Ziel angewendet werden.

S

SPEZIFISCH

Formulieren Sie Ihr Ziel so konkret oder spezifisch wie möglich. Statt „Ich will Geld sparen" formulieren Sie: „Ich möchte 5 000 Euro für eine Safari sparen." Mit dem klaren Ziel vor Augen fällt es leichter, einen konkreten Plan zu entwickeln.

M

MESSBAR

Machen Sie Ihren Fortschritt messbar. Welche Beträge wollen Sie in welchem Zeitraum sparen? Eine Erfolgskontrolle sorgt für Disziplin und ist zugleich Ansporn.

A

ATTRAKTIV

Ist Ihr Ziel attraktiv und von persönlichem Nutzen? Denn nur für ein lohnenswertes Ziel werden Sie bereit sein, auf andere Dinge zu verzichten oder in anstrengenden Phasen durchzuhalten.

R

REALISTISCH

Ihr Ziel sollte realistisch, also erreichbar sein. Es bringt nichts, sich zu viel vorzunehmen und dann frustriert aufzugeben. Ein realistisches Geld-Ziel berücksichtigt die Lebenssituation, das Einkommen und die Ausgaben.

T

TERMINIERT

Ein Ziel ohne Terminplan bleibt vage. Wenn Sie ein Ziel ernsthaft verfolgen, braucht es einen klaren Zeitrahmen. Der macht das Ziel verbindlich und ermöglicht Ihnen eine gezielte Planung.

verantwortungsvoller mit Ihrem Geld umzugehen. Auch sorgt er für Entspannung: Vielleicht wissen Sie es nach kurzer Zeit auch zu schätzen, wie stressfrei es ist, wenn Sie Ihre Finanzen im Griff haben. Mehr zum „Kassensturz" und zur Budgetplanung lesen Sie in Kapitel 1.

Machen Sie sich einen Plan über Ihre Geld-Ziele! Vielleicht haben Sie kurz-, mittel- und langfristige Money Goals, die Sie erreichen möchten?

Mit digitalen Organisationstools können Sie sich einen Überblick verschaffen. Dazu sind zum Beispiel sogenannte Kanban-Boards geeignet, die in einfacher Form auch kostenlos angeboten werden.

Auf einem solchen Board können Sie digital Inhalte wie Texte, Bilder und Links sammeln, organisieren und teilen. Es funktioniert ähnlich wie eine virtuelle Pinnwand. Sie können verschiedene Beiträge an verschiedenen Stellen anbringen und je nach Fortschritt weiterschieben. So behalten Sie leicht die Übersicht. Solche Boards können Sie für Ihre individuellen Planungen nutzen, aber sie werden häufig auch von Teams genutzt. Je nach Geld-Ziel können Sie mit Familie oder Freunden gemeinsam Informationen sammeln und teilen, um Projekte zu stemmen.

Um einen Überblick über Ihre Ausgaben und Einnahmen zu bekommen und Ihre Finanzen langfristig zu kontrollieren, eignet sich ein Budgetplan, ein Haushaltsbuch oder eine Haushaltsbuch-App/Multibanking-App (mehr dazu in Kapitel 1 ab Seite 20).

Daueraufträge und Sparpläne einrichten

Wenn Sie Geld sparen möchten, lassen Sie es nicht auf dem Girokonto liegen, denn ein volles Konto schürt Geldillusion. Die Versuchung ist groß, das Geld auszugeben. Deshalb: Überweisen Sie sich die Sparsumme direkt zu Monatsbeginn per Dauerauftrag auf ein separates Konto. Je nach Money Goal eignet sich ein Tagesgeld- oder Festgeldkonto – oder aber Sie richten einen Sparplan ein und automatisieren Ihre Investments in einen Welt-Aktien-ETF.

Ein ETF-Sparplan ist eine Art Dauerauftrag für Ihren Aktienkauf. Die Automatisierung hat gleich mehrere Vorteile, vor allem für den langfristigen Vermögensaufbau: Sie kaufen Monat für Monat diszipliniert ETF-Anteile und müssen sich keine Gedanken über die Börsenkurse machen. Sind die Kurse eingebrochen, bekommen Sie mehr Anteile für Ihr Geld, die in der Erholung für Rendite sorgen können. So ein Sparplan ist komfortabel und schont die Nerven, weil Sie nicht permanent überlegen, ob Sie nun kaufen oder verkaufen sollen. Und damit geraten Sie auch nicht so schnell in Versuchung, in Panik zu verkaufen, wenn es an der Börse turbulent wird. Denn ein Panikverkauf ist in der Regel sehr teuer. Ein weiterer Vorteil: Sie können die Sparraten an Ihren Bedarf und Ihre Möglichkeiten anpassen und bleiben flexibel. Sie kaufen monatlich, viertel-, halb- oder ganzjährig für eine bestimmte Summe Anteile an einem ETF. Banken bieten Sparpläne zum Teil ab einer Sparsumme von 1 Euro an, wobei wir Sparraten ab 25 Euro im Monat empfehlen.

Visualisieren und Selbstüberlistung

Schon ein Sparplan oder Dauerauftrag ist gut für die Psyche – Sie denken nicht darüber nach, dass Sie beim Sparen etwas „abgeben" und ergo „entbehren" müssen, weil die Abbuchung vom Konto automatisch erfolgt. Verhaltensökonom und Wirtschaftsnobelpreisträger Richard Thaler empfiehlt weitere „Nudges", also „Schubser" zur Selbstüberlistung, damit wir unsere Ziele ohne Gefühl von Entbehrung erreichen. So bereite es regelrecht Schmerzen, Geld für die Altersvorsorge „wegzugeben". Wer diesen Schmerz reduzieren möchte, kann konsequent das Geld investieren, das zusätzlich aufs Konto kommt – zum Beispiel Bonuszahlungen, Weihnachtsgeld oder Gehaltserhöhungen. So entsteht gar nicht erst ein Gefühl von Verlust.

Mit einem guten Gefühl können Sie Ihr Sparziel besser erreichen. Motivation ist (fast) alles. Die können Sie stärken, indem Sie Ihr Ziel visualisieren. Wenn Sie auf eine Safari, ein Eigenheim oder ein Auto sparen, heften Sie sich ein Foto an den Küchenschrank oder die Pinnwand, das Ihre Sehnsucht spiegelt. Auch können Sie sich einen Zeitstrahl malen und Etappen definieren. Und klar: Sie dürfen (und sollten) es gebührend feiern, wenn Sie eins Ihrer Zwischenziele erreicht haben. Natürlich können sich Ziele auch ändern. Deshalb: Halten Sie nicht sklavisch an einmal gesetzten Zielen fest, sondern überprüfen Sie Ihre Pläne regelmäßig. Sind die Ziele noch aktuell? Wenn sich Ihre Lebensumstände ändern, ist es unter Umständen sinnvoll, auch Ihre Geld-Ziele anzupassen.

Last but not least: Lassen Sie sich vor allem nicht entmutigen, wenn es mal nicht so gut läuft. Wenn Sie langfristige Ziele erreichen möchten, sollten Sie sich bei Börsenturbulenzen nicht verrückt machen lassen. Statt sich einen kurzfristigen Chart anzugucken, schauen Sie sich einen Langzeitchart an (mehr dazu in Kapitel 6). Wählen Sie also immer den Rahmen, der zu Ihren Anlagezielen passt!

01 Ich will am Monatsende Geld übrig haben

Kassensturz machen und Haushaltsbuch führen

Reicht das Einkommen nicht bis zum Monatsende, gibt es zwei Ursachen: Ihre Einnahmen sind zu niedrig oder Sie geben zu viel Geld aus. Die Ausgaben haben Sie selbst in der Hand. Mit einer Haushaltsbuch-App können Sie Sparpotenziale entdecken. Oft müssen Sie sich dafür nicht einmal einschränken.

„Warum bleibt am Ende des Geldes noch so viel Monat übrig?" Haben Sie sich diese Frage schon einmal stellen müssen? Studierende oder Teilzeitbeschäftigte mit geringem Einkommen erleben es sicher häufiger, dass das Geld zum Monatsende knapp wird.

Selbst Frauen und Männer mit höheren Verdiensten haben bisweilen kurz vor dem Monatswechsel Ebbe auf dem Konto. Dafür kann es individuell und kurzfristig durchaus gute Gründe geben, etwa weil alte Schulden zurückgezahlt werden müssen oder außergewöhnliche Ausgaben anfallen – zum Beispiel für die Wohnungseinrichtung oder einen Autokauf.

Auch sind die Preise für viele Güter des täglichen Lebens in den vergangenen Jahren stärker gestiegen als jemals seit der Jahrtausendwende. Nicht bei allen Menschen hat die Einkommensentwicklung damit Schritt gehalten. Vielleicht können Sie Ihr Einkommen erhöhen? Durch eine qualifizierende Fortbildung und/oder indem Sie eine Gehaltserhöhung fordern? Manchmal hilft auch ein Arbeitgeberwechsel, um einen größeren Gehaltssprung zu machen.

Die Ebbe in der Kasse trifft aber eben auch viele, die eigentlich genügend Geld zur Verfügung haben. Meist liegt das Minus dann an einer fehlenden oder einer unzureichenden Finanzplanung. Aber keine Sorge: Daran kann man arbeiten. Die gute Nachricht: Sie müssen nicht zwingend darben und auf jedes Vergnügen verzichten, um am Monatsende noch ein kleines Plus auf dem Konto zu haben, mit dem Sie Zug um Zug Rücklagen bilden können. Denn wenn Sie sich nicht auch einmal etwas gönnen dürfen, wird es vermutlich sehr schwer werden, die gesteckten Ziele zu erreichen. Verschaffen Sie sich deshalb zuerst einmal einen Überblick. Und bitte nicht schummeln. Nur ein ehrlicher Kassensturz verschafft Klarheit und lässt schneller Sparpotenziale identifizieren. Das ist für jeden und jede sinnvoll. Was Sie brauchen, sind ein Plan und etwas Ausdauer.

Aber wo anfangen, wenn man sich noch nie mit Finanzplanung beschäftigt und keine Rücklagen gebildet hat? Bevor Sie Geld zurücklegen können, müssen Sie Ihre Hausaufgaben machen. Das heißt: die wichtigsten Lebensrisiken absichern (siehe Kapitel 4), Kreditschulden tilgen (siehe Kapitel 2) und etwas Liquidität aufbauen. Diese Liquiditätsreserve bietet eine gewisse materielle Sicherheit, wenn unverhoffte Ausgaben anstehen. Sie kann aus dem monatlichen Nettoeinkommen erwirtschaftet werden. Das Ziel könnte deshalb zum Beispiel lauten: „Ich will monatlich XY Prozent meines Nettoeinkommens auf ein Extra-Tagesgeldkonto einzahlen." Welcher Prozentsatz und welche Summe in Euro sich hinter dem XY verbergen, hängt von Ihrem Einkommen, Ihrem Sparehrgeiz und Ihren finanziellen Zielen ab.

Was sagen Ihre Bilanzen?

Um Sparpotenziale zu ermitteln, müssen Sie sich also einen kompletten Überblick über Ihre Einnahmen und Ausgaben verschaffen. Auf der Einnahmenseite steht in der Regel an erster Stelle das monatliche Nettoeinkommen. Dazu zählen aber auch noch andere Einnahmequellen: Kindergeld, Mieteinnahmen, Unterhaltszahlungen, Renten oder staatliche Zuschüsse. Zuweilen gibt es auch noch einen Neben- oder Studentenjob. Jüngere Menschen erhalten oft noch regelmäßige Zuschüsse, etwa von den Eltern oder Großeltern.

Auf der anderen Seite der Bilanz stehen zunächst die Fixkosten: Dazu gehört als größter Posten meist die Miete oder bei Eigentümern die Kreditraten, Hausgeld, Rücklagen und Versicherungen. Vergessen Sie bei den Wohnungskosten nicht die Nebenkosten inklusive Heizung und Strom, GEZ-Gebühren und Internetanschluss. Dazu kommen Kosten für notwendige Versicherungen, Rückzahlungen etwaiger Kredite, Ausgaben fürs Auto und/oder öffentliche Verkehrsmittel sowie für regelmäßige Einkäufe von Basislebensmitteln. Die meisten Zahlungen fallen monatlich an, einige auch pro Quartal, halbjährlich oder jährlich. Betrachten Sie daher die Gesamtausgaben für ein Jahr und bilden Sie einen Mittelwert für einen Monat.

Daneben geben Sie sicherlich noch Geld für all die Dinge aus, die das Leben angenehm machen: Dazu gehören Urlaubsreisen und neue Kleidung, Mitgliedschaften in Vereinen, Hobbys und Sport, Kino-, Theater- und Konzertbesuche, Kneipenbummel, Restaurantbesuche oder Geschenke. Viele dieser Ausgaben sind nicht zwingend. Manche fallen auch nur selten an, etwa die Ausgaben für Urlaub.

Während Sie Ihre Fixkosten leicht aus den Kontoauszügen der letzten Monate ermitteln können, fällt ein Überblick bei den alltäglichen Ausgaben nicht so leicht. Schnell geraten sie aus dem Blick – dabei liegt gerade hier der Schlüssel zur Erreichung Ihres gesteckten Ziels. Um analysieren zu können, wohin Ihr Geld jeden Monat eigentlich genau verschwindet, greifen Sie zu einem altbewährten Hilfsmittel: dem Haushaltsbuch.

Haushaltsbuch führen

Die Preise ziehen an. Aber wie sich das aufs Haushaltsbudget auswirkt, merken Sie erst, wenn Sie über eine gewisse Zeit Buch führen.

Seit der Jahrtausendwende stiegen die Preise in Deutschland kaum. Selten lag die Inflationsrate über 1,5 Prozent. Das hat sich seit 2022 massiv geändert. Den „Cappuccino to go" gibt es selten unter 3 Euro. Eine Busfahrkarte im Regionalverkehr ist eher noch teurer. Und ein Schweineschnitzel kostet im Restaurant inzwischen an die 20 Euro. Um einen guten Überblick zu bekommen, sollten Sie über vier bis acht Wochen Ihre sämtlichen Einnahmen und Ausgaben exakt erfassen.

Früher gab es nur ein Haushaltsbuch, das per Hand zu führen war. Das machen auch heute noch viele Nutzerinnen und Nutzer so. Andere erstellen am PC Excel-Tabellen. Die Stiftung Warentest bietet mit dem „Spar-Set" ein Haushaltsbuch mit selbstrechnenden Formularen zum Herunterladen (test.de/shop). Inzwischen gibt es auch Haushaltsbuch-Apps für Android und iOS, mit denen Sie Ihre Ausgaben komfortabel erfassen und kategorisieren können. Neben kostenlosen Versionen gibt es teilweise kostenpflichtige Premium-Apps, die mit verschiedenen Konten synchronisiert werden können. Insbesondere die kostenpflichtigen Apps bieten vielfältige Komfort-Features. So können abfotografierte Kassenzettel und externe Daten verarbeitet, zuvor angelegte Budgets kontrolliert und Währungen umgerechnet werden. Es ist auch möglich, reale Ausgaben und ein zuvor angelegtes Budget zu vergleichen.

HAUSHALTBUCH-APPS IM TEST: Solche Apps haben die Analyse von Einnahmen und Ausgaben vereinfacht und helfen beim Sparen. Wir haben acht Apps getestet (11/2023). Apps mit Kontoverknüpfung schnitten besser ab. Die Testsieger kosteten 3,99 Euro und 6,99 Euro im Monat. Bei Apps ohne Kontoverknüpfung war die beste Note ein Befriedigend. Die Apps sind datenschutztechnisch sicher, einige zeigten Mängel in den Datenschutzerklärungen. Den Test gibts unter test.de/haushaltsbuch (kostenpflichtig).

Sparpotenziale ermitteln

Wenn Sie das Haushaltsbuch vier bis acht Wochen geführt haben, können Sie mit der Auswertung beginnen. Nehmen Sie auch die Fixkostenaufstellung hinzu.

Wo liegen die größten Posten? Welche Ausgaben sind wie die Miete kaum zu beeinflussen? Bei welchen Ausgaben können Sie durch einmalige Korrekturen wie etwa einen Anbieterwechsel Kosten sparen? Wo können Sie Ihr Ausgabeverhalten ändern, ohne an Komfort und Lebensqualität einzubüßen?

Beginnen Sie nun damit, die Einsparmöglichkeiten bei den größten Fixkosten anzugehen. Fixkosten sind längst nicht so fix, wie Sie vielleicht glauben. In verschiedenen Lebensbereichen können Sie sparen, ohne an Komfort und Sicherheit einzubüßen. Hier die wichtigsten Posten.

Mietnebenkosten An der Miete lässt sich ohne Ortswechsel meist nichts ändern. Sparpotenzial bieten dagegen oft die Mietnebenkosten:

Die Preise für Strom und Gas unterliegen großen Schwankungen. Selten ist der Standardanbieter vor Ort auch der günstigste Anbieter. Auch der sogenannte Basistarif ist in der Regel die teuerste Lösung. Ermitteln Sie Ihren Strom- und Gasbedarf und nutzen Sie Vergleichsportale wie Verivox Stromauskunft oder Check24. Prüfen Sie dabei genau, ob die voreingestellten Tarifbedingungen richtig für Sie sind. Gastarife mit längeren Laufzeiten sind aktuell deutlich preiswerter als im Jahr 2022.

Girokonto Ohne Girokonto ist das moderne Leben nicht möglich. Aber ein gutes Konto muss nicht teuer sein. Online-Banking inklusive Girocard gibt es bei einigen Anbietern sogar kostenlos. Die Stiftung Warentest prüft regelmäßig Girokonten und vergleicht die Kosten. Im März 2025 zeigte sich dabei eine Preisspanne zwischen 0 und 300 Euro im Jahr. Im Schnitt zahlen Kontoinhaber 120 Euro pro Jahr. Je nach Kontomodell lassen sich bei einem Wechsel also schnell 100 Euro und mehr pro Jahr sparen.

Versicherungen Noch mehr Geld lässt sich oft bei einer kritischen Durchsicht bestehender Versicherungsverträge sparen. Unter Umständen tummeln sich zahlreiche unnötige Policen im Ablageordner, von denen Sie sich trennen können. Die Faustformel für Ihren Versicherungsschutz: Sichern Sie nur die Risiken ab, die Sie nicht allein tragen können! Brillen-, Handy- oder Laptopversicherung sind in der Regel überflüssig. Neben den hohen Kosten gibt es oft auch Ärger mit dem Versicherer, der die Zahlung verweigert, weil etwa Laptop oder Gepäck nicht ausreichend gesichert waren. Auch Krankentagegeld- oder Sterbegeldversicherungen sind meist unnötig. Bei notwendigen Versicherungen wie etwa der Autoversicherung kann ein Anbieter- oder Tarifwechsel Geld sparen. Unsere Tests zeigen, dass man zuweilen allein mit einer günstigen Autoversicherung mehrere Hundert Euro im Jahr sparen kann. Neue Verträge bieten zudem manchmal bessere Leistungen als alte. So bieten etwa aktuelle Policen der Privathaftpflicht mehr als früher und sind gleichzeitig oft billiger. Wir testen regelmäßig alle wichtigen Versicherungen und helfen beim Preisvergleich (test.de/thema/versicherungen, kostenpflichtig).

Auto und Mobilität Manchmal muss es ein eigenes Auto sein: Wer auf dem Land wohnt und täglich 30 Kilometer zur Arbeit pendelt, wird dies mit öffentlichen Verkehrsmitteln oder einem E-Bike kaum in vertretbarer Zeit schaffen. Anders sieht es im Einzugsbereich von Großstädten oder im Stadtzentrum aus. Das Auto verschafft hier kaum Zeitersparnis, manchmal dauert es mit Parkplatzsuche sogar länger. Zudem ist das Auto in der Stadt besonders teuer. Die Preise für Stellplätze oder Parkhäuser ziehen an. Immer mehr Stadtbewohner verzichten auf das eigene Auto, zumal es Alternativen wie Carsharing gibt.

Carsharing Neben den öffentlichen Verkehrsmitteln, die dank Deutschland-Ticket deutlich günstiger geworden sind, gibt es mehrere Carsharing-Angebote, bei denen Sie ein Auto komfortabel per App buchen können. Das Einsparpotenzial ist groß: Wer nur selten ein Auto nutzt, kann durch den Umstieg aufs Carsharing zwischen 200 und 400 Euro sparen – im Monat! Wer wirklich nicht auf das Auto verzichten kann, sollte zumindest regelmäßig prüfen, ob der gleiche Versicherungsschutz anderswo günstiger erhältlich ist. Dabei unterstützt Sie die Stiftung Warentest mit ihren regelmäßigen Preisvergleichen zu Autoversicherungen unter test.de/kfz-versicherung (kostenpflichtig).

Komfortwünsche priorisieren

Auf der Basis des Haushaltsbuches beziehungsweise der Haushaltsbuch-App konnten Sie sehen, für welche Freizeit- und Komfortbereiche Sie besonders viel ausgeben. Manchmal ist weniger mehr.

Beispiel Streaming-Dienste: Brauchen Sie wirklich Netflix, Amazon Prime, Disney Plus, Sky und DAZN – oder reichen nicht doch die beiden Dienste, die Sie nahezu ausschließlich nutzen? Ist Ihr Handyvertrag möglicherweise überdimensioniert und Sie kommen mit deutlich weniger Volumen aus? Müssen Sie am Mittwoch ins Kino gehen, oder ist der kostengünstigere Montag genauso gut möglich? Und lohnt sich wirklich die Mitgliedschaft im teuren Fitnessstudio, wenn Sie es nur einmal pro Quartal besuchen? Ähnliches gilt für Mitgliedschaften in Vereinen und Organisationen. Sind Sie da wirklich noch aktiv – oder haben Sie einfach nur vergessen, die Mitgliedschaft zu kündigen?

Oft flutschen einem gerade die kleinen Posten schnell durch – zum Beispiel für den Cappuccino to go oder das belegte Brötchen vom Backshop. Doch gerade diese Ausgaben türmen sich im Lauf des Monats unbemerkt zu größeren Summen. Pro Tag 3,90 Euro für einen Cappuccino – das macht im Monat über 100 Euro. Durch den Verzicht auf den täglichen Cappuccino können Sie bei Anlage des gesparten Geldes in einem ETF-Sparplan auf den MSCI World sowie in Tagesgeld in 20 Jahren ein Vermögen von über 50 000 Euro ansparen. In 30 Jahren sind es sogar 100 000 Euro! (Siehe dazu Sonderseite 26.) So oder so: Einsparmöglich-

Das Kaffeegeld investieren

Auch aus Minibeträgen kann mit der Zeit ein großes Vermögen werden. Wer das Geld für den täglichen Cappuccino investiert, kann nach 30 Jahren mit 100 000 Euro dastehen.

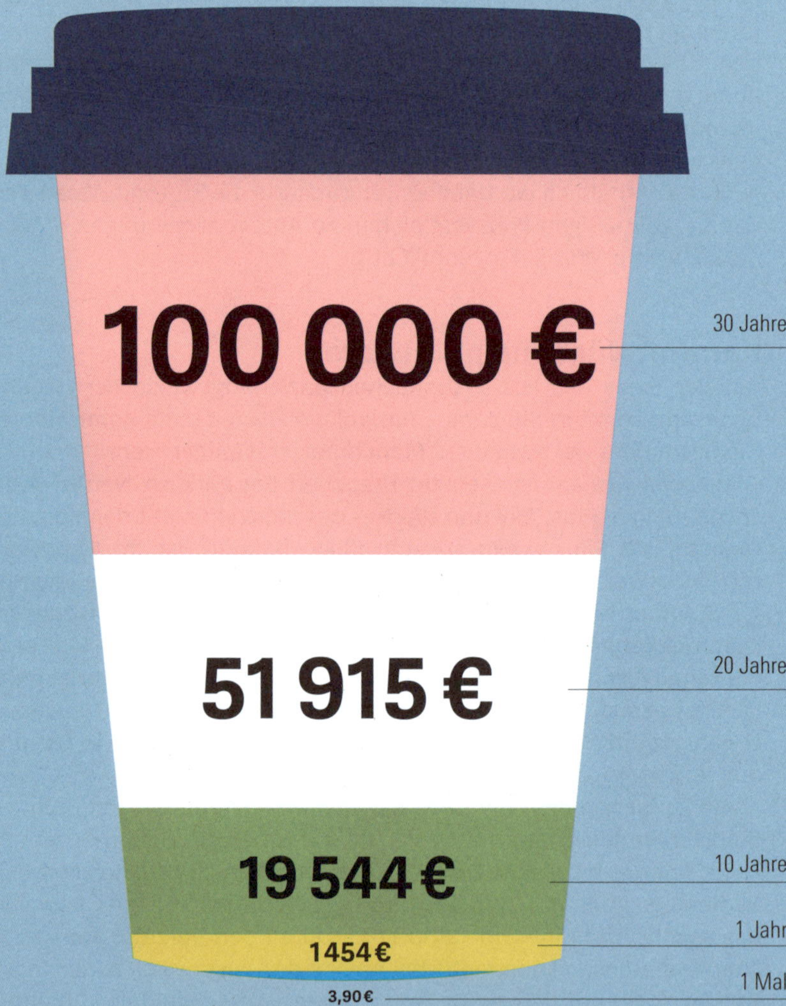

Anmerkung: mtl. Sparplan; 50% Tagesgeld, 50% MSCI World; mittlere ETF-Rendite aller 30-Jahresspannen; Kaufkosten berücksichtigt.

keiten in Freizeit und Konsum lassen sich in größerer Zahl finden. Aber nicht alle müssen genutzt werden. Überlegen Sie in Ruhe, auf welche Annehmlichkeiten Sie ohne Weiteres, nur mit Bauchschmerzen oder aber gar nicht verzichten wollen. Denn ohne Vergnügen macht das Sparen keinen Spaß.

Sparsumme festlegen und Sparplan einrichten

Wenn Sie Ihre Sparpotenziale kennen, können Sie überlegen, wie viel Sie sparen wollen.

Eine Orientierung für die Festlegung einer Sparsumme kann die „50–30–20-Regel" geben. 50 Prozent sollen für Fixkosten und Grundbedürfnisse ausreichen, 30 Prozent sind für alles rund um Freizeit und Vergnügen eingeplant, 20 Prozent fürs Sparen und den Vermögensaufbau.

Die 50–30–20-Budgetregel ist nicht für alle Menschen erfüllbar und hängt nicht allein vom guten Willen ab. Menschen mit hohen Einkommen können vielleicht auch ohne erhebliche Einschränkungen 20 Prozent fürs Sparen abzweigen. Wer weniger verdient, muss genauer rechnen oder eventuell das Sparziel reduzieren. Im Durchschnitt liegt die Sparquote der Bundesbürger bei knapp über 10 Prozent.

Manchmal sind die Hürden (leider noch) zu hoch. Für Geringverdienende ist selbst ein Sparziel von 10 Prozent kaum erreichbar. So müssen Studierende oder Auszubildende in Großstädten mitunter schon die Hälfte ihres Einkommens allein für die Miete aufbringen. Für Annehmlichkeiten und Sonderwünsche bleibt nicht viel übrig, für das regelmäßige Sparen erst recht nicht. Allerdings können Studierende von ihrem Lohn für den Job in den Semesterferien einen Teil beiseitelegen. Und: Wer nach Studium oder Ausbildung seinen ersten Job antritt, verfügt in der Regel über deutlich mehr Geld. Wenn Sie als Jobeinsteiger Ihre Fixkosten und Freizeitausgaben nicht auf einen Schlag exorbitant steigern, können Sie problemlos 10 bis 20 Prozent vom ersten Einkommen abzweigen. Deshalb ein Tipp: Starten Sie das Sparen frühzeitig, auch mit sehr kleinen Beträgen. Sie können Ihre Sparquote jederzeit ändern. Sind Sie bereit für den nächsten Schritt? Ein Tagesgeldkonto zu eröffnen ist einfach, und das monatliche Ansparen lässt sich leicht anschieben.

Die monatliche Notreserve sollten Sie nicht auf dem Girokonto ansparen. Dafür gibt es zwei Gründe: Zum einen ist das Geld auf dem Girokonto Verfügungsmasse. Was vorhanden ist, kann ohne Probleme jederzeit ausgegeben werden. Und nur allzu menschlich handeln wir auch danach: Höhere Bestände auf dem Girokonto verstärken unsere Geldillusion und verleiten uns zu höheren und oftmals unnötigen Spontanausgaben. Zum anderen verzinst sich das Geld auf dem Girokonto nicht. Sie verschenken also Geld, weil die Kaufkraft durch die Inflation geschmälert wird. Die Alternative ist ein kostenloses Tagesgeldkonto. Die Zinsen, die Sie bei attraktiven Tagesgeld-Angeboten bekommen, orientieren sich am aktuellen Leitzins der Europäischen Zentralbank; genauer am sogenannten Einlagezinssatz, den die Banken bekommen. Die meisten Banken jedoch zahlen weniger. Aktuell können Sie bei einem attraktiven Tagesgeldkonto mit rund 2 Prozent Zinsen p. a. rechnen. Bei einem Vermögen von 5000 Euro erhalten Sie also pro Jahr 100 Euro Zinsen – nicht viel, aber mehr als nichts.

DAS LEISTET EIN TAGESGELDKONTO: Im Gegensatz zu Girokonten bringen Tagesgeldkonten Zinsen. Es heißt Tagesgeld, weil täglich Geld ein- und ausgezahlt werden kann. Die Zahlungen laufen über ein Referenzkonto, das Girokonto des Eigentümers. Tagesgeldkonten können bei der eigenen Bank oder bei einem anderen Kreditinstitut eröffnet werden. Die besten Zinskonditionen für kostenfreie Tagesgeldkonten finden Sie bei der Stiftung Warentest unter test.de/tagesgeld (kostenpflichtig).

Wer sein Sparvermögen errechnet hat und die finanzielle Disziplin wahren möchte, kann und sollte sich sozusagen „zum eigenen Glück“ zwingen: Das funktioniert mit der Einrichtung eines monatlichen Dauerauftrags. So kann die gewünschte monatliche Sparsumme, die man für sich als tragbar errechnet hat, direkt zu Monatsanfang vom Girokonto auf das Tagesgeldkonto überwiesen werden.

Wenn doch einmal dringende außergewöhnliche Ausgaben anfallen, kann jederzeit Geld aufs Girokonto zurücktransferiert werden. Das sollte aber nur die Ausnahme sein.

Endlich frei vom miesen Ballast!

Schulden machen fällt leicht. Schulden loswerden ist deutlich schwieriger. Doch ob Überziehungskredite, Konsumschulden oder eine festgestellte Überschuldung: Es gibt immer Wege, die belastenden Verbindlichkeiten loszuwerden. Wir zeigen, wie es geht.

Sofortkredit – einfach und schnell? Heute kaufen, morgen bezahlen? Oder bequem per Ratenzahlung zum Wunschobjekt? Die Werbung verspricht finanzielle Freiheit. Und die Versuchung ist groß, mehr Geld auszugeben, als zur Verfügung steht. Schulden sind nicht per se schlecht: Unternehmen nehmen Kredite auf, um zukünftig zu wachsen. Auch eine Immobilienfinanzierung läuft fast immer über Kredit. Aber diese Kredite sind Investitionen, die sich zu einem späteren Zeitpunkt bezahlt machen sollten. Anders sieht es bei Konsumschulden aus. Die neue Wohnungseinrichtung, das Auto, die Einbauküche oder ein Traumurlaub auf Pump: Diese Konsumschulden können teuer zu stehen kommen – bis hin zur finanziellen Handlungsunfähigkeit.

Im Jahr 2024 waren etwa 5,56 Millionen Bürger oder gut acht Prozent der Bevölkerung in Deutschland überschuldet. Das heißt, dass jeder zwölfte Erwachsene über 18 seine Schulden auf absehbare Zeit nicht aus eigenen Mitteln tilgen kann. Neben den Krediten laufen zusätzlich zu der bestehenden Schuld oft noch Kosten für Verzugszinsen auf. Die Schulden steigen dann auch ohne weitere Käufe rapide an, die sogenannte Schuldenfalle droht. Schnell kann ein Gefühl von Verzweiflung und Panik entstehen, wenn die Rechnungen ins Haus flattern. Man fühlt sich ohnmächtig und ausgeliefert. Deshalb ist es wichtig, erst einmal tief durchzuatmen und Ruhe zu bewahren. Verschaffen Sie sich einen

Überblick, ordnen Sie Ihre Finanzen, sprechen Sie mit Ihren Gläubigern – im Zweifel mit Unterstützung von professionellen Schuldnerberatern.

Der Schuldenfalle entkommen

Schulden sind teuer, sie abzubauen ist fast immer sinnvoll. Aber Schulden sind nicht gleich Schulden. Nutzen Sie Ihren Dispositionskredit aus oder überziehen Sie ihn? Das ist teuer und deshalb ärgerlich. Problematischer könnte es sein, wenn Sie zahlreiche Konsumgüter auf Kredit gekauft haben. Das ist in der Regel nicht nur teuer, auch droht die Gefahr, dass Sie komplett den Überblick über die Verbindlichkeiten verlieren. Noch gravierender ist es, wenn Sie so viele Schulden angehäuft haben, dass es Ihnen nicht mehr möglich ist, sie aus eigener Kraft abzubauen. Dann sitzen Sie in der Schuldenfalle und sind „überschuldet".

Eine Bestandsaufnahme schafft Klarheit über Einnahmen und Ausgaben und über unnötige Kostenfallen. In vielen Fällen können Sie mit einer Umschuldung viel Geld sparen. Eingesparte Mittel sollten in den Schuldenabbau fließen. Dabei ist Priorisierung unerlässlich. Mit der Schneeball- und der Lawinenmethode gibt es zwei unterschiedliche Strategien. Wählen Sie den Ansatz, der am besten zu Ihnen passt. Mehr zu diesen beiden Methoden erfahren Sie später in diesem Kapitel.

Bestandsaufnahme: Wo stehe ich?

Um zu wissen, wo Sie stehen, verschaffen Sie sich zunächst einen Überblick. Vielleicht kostet es Sie Überwindung, weil Sie Rechnungen und Mahnungen schon seit Längerem nicht mehr geöffnet haben. Aber nur mit einer ehrlichen Bestandsaufnahme können Sie eine Strategie entwickeln, die zu Ihrer Situation passt. Ein Kassensturz (siehe Kapitel 1, Seite 20) schafft Klarheit über Einnahmen und Ausgaben und zeigt Ihnen, für was Sie – vielleicht sogar unbemerkt – viel Geld ausgeben. Mit einem Haushaltsplan können Sie Sparpotenzial ermitteln.

Damit ist der wichtigste Schritt schon getan. Wenn Sie sich einen Überblick über Ihre Finanzen verschafft haben, sehen Sie sehr genau, wo Sie stehen. Haben zu hohe Lebenshaltungskosten für eine schleichende Kontoüberziehung gesorgt? Vielleicht müssen Sie aber auch eine Reihe unterschiedlicher Konsumkredite bedienen und haben den Überblick verloren? Oder aber Sie müssen sich eingestehen, dass Sie die laufenden Ausgaben und Verbindlichkeiten nicht mit Ihren Einnahmen finanzieren können. Auch dann gilt: keine Panik und nicht resignieren. Es gibt immer Wege, die belastenden Verbindlichkeiten loszuwerden. Wir zeigen Ihnen, wie Sie vorgehen können!

Raus aus dem Dispo: Das ist Ihr Plan!

Sie zahlen jedes Jahr einen hohen drei- oder vierstelligen Betrag, weil Sie Ihren Dispokredit ausnutzen? Hier können Sie sparen. Bauen Sie Ihren Dispo konsequent Schritt für Schritt ab!

Ein Dispositionskredit ist der Kreditrahmen, den Banken für Girokonten zur Verfügung stellen. Haben Sie aufgrund Ihres guten Einkommens einen hohen Dispokredit, den Sie regelmäßig ausschöpfen? Klar, die finanzielle Flexibilität ist gut, weil man so unerwartete Ausgaben stemmen kann. Oft verleitet er aber zu unüberlegten Aktionen. (Übrigens: Wer Konto und Dispo dauerhaft überzieht, dem kann die Bank den Disporahmen jederzeit streichen sowie das Konto pfänden.)

Die Banken halten für die Dispo-Inanspruchnahme die Hand auf: Unsere Finanzredaktion hat deren Angebote untersucht (10/2024). Der durchschnittliche Dispozins lag bei 11,98 Prozent. Für 5000 oder 10 000 Euro Dispokredit zahlt man im Schnitt knapp 600 bzw. 1200 Euro im Jahr.

Je höher Ihr Dispokredit, desto eher rechnet es sich, die Disposchulden in einen Ratenkredit umzuwandeln. Es gibt bonitätsabhängige und -unabhängige Angebote. Bei guter Bonität können Sie mit Ihrer Bank verhandeln und vielleicht Geld sparen. Auch der Zins für bonitätsunabhängige Kredite ist in der Regel deutlich niedriger als der Zinssatz für einen Dispokredit. Unsere Finanzexpertinnen und -experten nehmen das Angebot an Ratenkrediten regelmäßig unter die Lupe. Näheres unter test.de/ratenkredit (mit Flatrate kostenfrei). Eine sorgfältige Auswahl rechnet sich: Sie können mit den besten Angeboten einige Hundert Euro sparen. Das günstigste Angebot bei Online-Abschluss liegt bei knapp 5,0 Prozent effektiv und damit deutlich unter dem Dispozins (Stand 3.6.2025).

Realistisch planen und Laufzeit festlegen

Sie haben sich einen Überblick über Ihre Einnahmen und Ausgaben verschafft und Ihr Sparpotenzial ermittelt, das Sie in die Tilgung der Disposchulden stecken können. Je mehr finanziellen Spielraum Sie haben, desto schneller und günstiger können Sie den Kredit tilgen. Angenommen, Sie haben 5000 Euro Disposchulden. Wenn Sie Ihr Konto innerhalb von 24 Monaten ausgleichen wollen, müssen Sie per günstigem Ratenkreditvertrag rund 220 Euro im Monat zahlen. Bei einer Laufzeit von 36 Monaten sind pro Monat 150 Euro Zins und Tilgung fällig. In der Langzeitvariante zahlen Sie unter dem Strich gut 5400 Euro und damit 120 Euro mehr als in der Zweijahresvariante. Zum Vergleich: Ohne Umwandlung in einen Ratenkredit zahlen Sie in der Langzeitvariante 500 Euro und in der Kurzzeitvariante knapp 400 Euro mehr!

Mit unserem Ratenrechner unter test.de/ratenkredit können Sie ermitteln, wie hoch Ihre monatliche Belastung für Kreditlaufzeiten zwischen 12 und 72 Monaten ausfällt.

Beispiel: Sie benötigen einen Kredit in Höhe von 10 000 Euro. Bei einem effektiven Jahreszins von 6 Prozent und einer Laufzeit von 36 Monaten beträgt Ihre monatliche Belastung etwa 304 Euro. Sie können in den Rechner jede beliebige Kreditsumme eintragen. Den effektiven Jahreszins können Sie in Schritten von 0,5-Prozentpunkten wählen. Konkrete Zinsangebote der Banken können auch dazwischen liegen.

Konsumschulden weg: Das ist Ihr Plan!

Sie haben viel auf Konsumkredit gekauft? Verschaffen Sie sich eine Übersicht. Mit der richtigen Strategie steht bald die schwarze Null!

Die Angebote klingen verlockend: „Träume erfüllen: Wunschkredit ohne Verwendungszweck" oder einfach ein „Wie für mich gemacht-Kredit" – glaubt man der Werbung, kann sich jeder alles leisten. Bequeme Ratenkäufe, Ratenkredite oder zunehmend auch sogenannte BNPL-Angebote verlocken zum Kauf. BNPL heißt: Buy now, pay later – kaufe jetzt, bezahle später. Was beim Online-Kauf finanzielle Freiheit verspricht, kann schnell zur Falle werden. Mit diesen Angeboten ist die Verlockung groß, mehr zu konsumieren, als es das Budget eigentlich erlaubt. Und am Ende den Überblick über seine Zahlungsverpflichtungen zu verlieren. Ob Klarna oder PayPal: Die Kosten von BNPL-Käufen sind sehr hoch. Zudem macht eine Vielzahl an Kreditverträgen und Gläubigern die finanzielle Situation unübersichtlich.

Vielleicht haben Sie den Überblick längst verloren und lassen Rechnungen und Mahnungen am liebsten ungeöffnet liegen? Besser nicht, denn zum einen wird es dann richtig teuer, weil satte Mahngebühren aufgeschlagen werden. Zum anderen riskieren Sie einen negativen Schufa-Eintrag, der Ihnen unter Umständen sogar eine Immobilienfinanzierung verhageln kann. Wichtiger aber: Sie laufen Gefahr, in einen Schuldenstrudel zu geraten, aus dem Sie sich aus eigener Finanzkraft nicht mehr befreien können. Hier benötigen Sie Hilfe (siehe ab S. 35).

Ausgaben priorisieren

Ist die Bestandsaufnahme gemacht, geht es zunächst darum, das Sparpotenzial zu ermitteln. Welche Ausgaben können Sie einsparen und in den Schuldenabbau stecken?

Es gibt Ausgaben, die können Sie nicht reduzieren – zum Beispiel Ihre Miete. Bei anderen Verträgen, die unverzichtbar sind, lohnt es sich, das Angebot zu prüfen. Durch einen Wechsel der Krankenkasse, der Bankverbindung, des Strom- oder Mobilfunkanbieters lässt sich mitunter viel Geld sparen. Gehen Sie so Posten für Posten durch. Anschließend prüfen Sie, welche Ihrer Ausgaben Sie ohne großen Verlust streichen können. Setzen Sie sich dabei ein Sparziel oder definieren Sie ein Wochenbudget, das Sie für nicht notwendige, aber für Sie doch wichtige Dinge wie Kino, Kneipe oder Restaurantbesuch ausgeben können. (Siehe dazu auch Kapitel 1.)

Kreditschulden priorisieren

Wenn Sie bei vielen Gläubigern in der Kreide stehen, sollten Sie sich Ihre Verbindlichkeiten zudem separat im Detail ansehen. Listen Sie alle Kreditverträge und Zahlungsverpflichtungen mit Konditionen und Zahlungszielen übersichtlich auf. Gibt es Verträge, die Sie kurzfristig kündigen können, um Ihren finanziellen Spielraum zu erhöhen? Im zweiten Schritt werden unkündbare oder unverzichtbare Verträge priorisiert: Ordnen Sie die Verbindlichkeiten nach Zahlungszielen. Das ist wichtig, um Mahnungen und Verzugszinsen zu vermeiden. Wann immer es geht, sollten Sie darauf achten, die Rechnungen pünktlich zu zahlen. Sollten Sie bereits Mahnungen erhalten haben, tragen Sie das in die Liste ein.

Ihre Schulden können Sie nun nach der Lawinen- oder Schneeballmethode reduzieren. Mit der Lawinenmethode reduzieren Sie zunächst die Schulden mit den höchsten Zinssätzen, um so die langfristigen Zinszah-

Schulden priorisieren

Verschaffen Sie sich einen genauen Überblick über Ihre Verbindlichkeiten. Listen Sie alle Kreditverträge und Zahlungsverpflichtungen mit Konditionen und Zahlungszielen übersichtlich auf. Sie können entweder die Schulden mit den höchsten Zinssätzen zuerst tilgen (Lawinenmethode). Oder aber Sie beginnen mit den kleinsten Verbindlichkeiten (Schneeballmethode), um schnell Erfolge zu sehen.

Nr.	Gläubiger mit Anschrift	Ursprungs-forderung	Zins	Fällig-keit	aktuelle Schuld-summe	mit Datum von	ver-einbarte Raten	aktuell in Zah-lung
1	Mustershop Musterstr. 1, Musterstadt	10 000 €	5 %	12.12.26	5 000 €	12.08.25	300 €	
2								
3								
4								
5								
6								
7								
8								
9								
10								
11								
12								
13								
14								
15								

lungen zu reduzieren. Mit der Schneeballmethode beginnen Sie dagegen mit den kleinsten Verbindlichkeiten, um schnelle Erfolge zu erzielen. Der schnelle Abbau der Anzahl der Gläubiger erhöht die Transparenz und wirkt motivierend. Welche Methode Sie wählen, hängt von der Zusammensetzung Ihrer Schulden und auch von Ihren persönlichen Vorlieben ab.

Ganz gleich, welche Methode Sie wählen: Setzen Sie sich für den Schuldenabbau klare Ziele, die Sie auch erreichen können. Definieren Sie auch für Ihre Ausgaben ein Budget, das Sie einhalten können. Ein Haushaltsbuch gibt auch langfristig eine Übersicht und sorgt für Ausgabendisziplin.

Überschuldet: Das ist Ihr Plan!

Wenn Sie Ihre vertraglichen Verpflichtungen trotz aller Sparbemühungen nicht erfüllen können, stecken Sie in der Schuldenfalle: Sie sind, so der Fachbegriff, überschuldet.

Laut Statistischem Bundesamt ist der Verlust des Arbeitsplatzes einer der Hauptauslöser für Überschuldungen. Unfälle, Erkrankungen und Sucht sowie Trennung, Scheidung und Tod des Partners oder der Partnerin sind neben falschem Konsumverhalten weitere Gründe, warum Menschen in eine finanzielle Schieflage geraten. Genauso ursächlich kann der langfristige Bezug von Niedrigeinkommen sein.

Wenn permanent Rechnungen und Mahnungen ins Haus flattern und das Konto leer ist, ist die Versuchung groß, den Kopf in den Sand zu stecken. Briefe der Gläubiger bleiben häufig verschlossen, Betroffene ziehen sich aus Scham immer mehr zurück.

Irgendwann steht der Gerichtsvollzieher vor der Tür, oder aber es gibt eine Räumungsklage des Vermieters, weil die Miete über Monate nicht gezahlt worden ist. Lassen Sie es nicht so weit kommen!

Karten offenlegen und verhandeln

Informieren Sie Ihre Gläubiger. Vielleicht können Sie kleinere Raten oder aber ein neues Zahlungsziel vereinbaren, sodass teure Mahngebühren entfallen. Mitunter lässt sich ein Gläubiger auch auf eine Reduktion der Gesamtschuld ein, wenn Sie Ihre Situation schildern. Denn er weiß: Im Fall einer Privatinsolvenz stehen seine Chancen schlecht, überhaupt Geld wiederzusehen.

Umschuldung prüfen

Haben Sie teure Kredite bei unterschiedlichen Anbietern laufen und zahlen dazu noch sehr hohe Kreditzinsen für die Überziehung Ihres Kontos? Dann prüfen Sie, ob Sie die Verbindlichkeiten in einem Ratenkredit bündeln können. Der ist oft günstiger. Unsere Finanzredaktion nimmt das Angebot regelmäßig unter die Lupe. Einen Ratenkredit über 20 000 Euro gibt es beim günstigsten Anbieter bonitätsunabhängig mit einer Laufzeit von 24 oder 60 Monaten schon ab 5,18 Prozent effektivem Jahreszins (Stand 3.6.2025) – und damit deutlich günstiger als beispielsweise den Überziehungskredit.

Meiden Sie Anbieter, die damit werben, auf eine Schufa-Auskunft zu verzichten. Diese wollen damit gerade solche Verbraucher und Verbraucherinnen ansprechen, die bei keiner anderen Bank mehr einen Kredit bekommen. Vielleicht klingt es erst einmal verlockend und das so offerierte Geld hilft kurzfristig, andere Rechnungen zu begleichen. Doch am Ende zahlen Sie drauf. Wenn Sie hohe Verbindlichkeiten haben und nicht mehr kreditwürdig sind, raten wir Ihnen, sich beraten zu lassen!

Schuldnerberatung: Holen Sie sich Unterstützung!

Sie fühlen sich mit der Ordnung Ihrer Finanzen und dem Schuldenabbau überfordert? Dann zögern Sie nicht und suchen sich Unterstützung. Bundesweit gibt es mehr als 1400 Schuldnerberatungsstellen, die von Wohlfahrts- oder Verbraucherverbänden betrieben werden. Die Experten helfen Ihnen, einen Schuldenplan zu erstellen und Ihre Schulden in den Griff zu bekommen. Sie treten auch als Verhandlungspartner gegenüber Gläubigern auf. Damit wird Ihre Position gestärkt und beim Gläubiger für Verständnis geworben. Denn klar ist: Wer sich offenbart und Hilfe sucht, der meint es ernst. Es ist also in beidseitigem Interesse, zu einer guten Lösung zu gelangen.

Leider tummeln sich auch einige „Berater“ am Markt, die Ihre Notsituation ausnutzen möchten. Obacht, wenn ein Berater nur online oder telefonisch berät und keine Rechtsdienstleistungsbefugnis hat. Denn die ist nach dem Verbraucherinsolvenzrecht Voraussetzung dafür, dass jemand rechtliche Auskünfte geben oder ein Verbraucherinsolvenzverfahren vorbereiten beziehungsweise durchführen darf.

TRAU, SCHAU, WEM! Fragen Sie nach den Kosten und seien Sie skeptisch, wenn die Beratung nicht im Büro des Schuldnerberaters, sondern bei Ihnen zu Hause stattfinden soll. Anerkannte Verbraucherinsolvenz- und Schuldnerberatungen bei Kommunen, Wohlfahrtsverbänden und Verbraucherzentralen haben oft lange Wartelisten. Planen Sie lieber etwas Wartezeit ein, als unseriöse „Soforthilfe" anzunehmen, die Sie am Ende teuer zu stehen kommen kann.

Verbraucherinsolvenz: In drei Jahren schuldenfrei

Die Beratungsstelle unterstützt Sie bei dem Versuch, sich mit Ihren Gläubigern außergerichtlich zu einigen.

Kommt es zu keiner Einigung und Sie können Ihre Rechnungen nicht zahlen, dann bleibt Ihnen die Privatinsolvenz. Voraussetzung dafür ist eine Bescheinigung des Beraters darüber, dass Sie versucht haben, eine außergerichtliche Einigung zu erzielen. Zuständig für die Privatinsolvenz ist dann in der Regel das Amtsgericht Ihres Wohnorts.

Bei einer Privatinsolvenz ist Wohlverhalten unverzichtbar

Privatinsolvenz – das klingt nach öffentlichem Scheitern – und aufgrund einer möglichen Stigmatisierung schrecken viele vor dem Gang zum Amtsgericht zurück oder schieben den Antrag auf Privatinsolvenz unnötig vor sich her. Ein Fehler. Zum einen, weil viel Druck von Ihnen abfallen dürfte, wenn die Dinge geregelt sind und Sie keine Briefe und Mahnungen von Inkassounternehmen mehr erhalten. Zum anderen sind Sie nach drei Jahren Wohlverhalten schuldenfrei.

Wohlverhalten bedeutet: Sie müssen alle erforderlichen Unterlagen einreichen, dürfen keine neuen Schulden machen und kein pfändbares Vermögen unterschlagen. Ihr Einkommen wird in dieser Zeit bis zur Pfändungsfreigrenze von 1340 Euro (Singles 2024) gepfändet.

Nach Ablauf der drei Jahre können Sie eine Restschuldbefreiung erlangen und einen finanziellen Neuanfang starten.

Ihr smarter Plan zusammengefasst

Schritt für Schritt raus aus den Schulden: Wenn Sie Ihr Ausgabeverhalten und Ihre finanzielle Situation genau analysiert haben, können Sie sich smarte Ziele setzen. So gehen Sie in fünf Schritten vor.

Schritt 1 Haben Sie über Ihre Verhältnisse gelebt und Ihr Konto überzogen? Oder müssen Sie aufgrund vieler Ratenkäufe viele Kredite bedienen und haben den Überblick verloren? Am Anfang steht immer die Bestandsaufnahme: Können Sie Ihre Schulden aus eigener Kraft bedienen? Präzisieren Sie Ihr Problem und formulieren Sie ein spezifisches Ziel!

Schritt 2 Wie viel Geld können Sie realistischerweise jeden Monat in den Schuldenabbau stecken? Prüfen Sie, ob eine Umschuldung in einen Ratenkredit möglich ist, und kalkulieren Sie – entsprechend Ihren Möglichkeiten – die Laufzeit.

Schritt 3 Prüfen Sie, ob Sie von getätigten Ratenkäufen zurücktreten können, um Ihre Schuldenlast zu reduzieren. Sind Vertragsaufhebungen oder Kündigungen möglich?

Schritt 4 Wenn Sie Ihr Sparpotenzial ausgeschöpft haben und dennoch nicht über die Runden kommen, sollten Sie Ihre Gläubiger informieren. Vielleicht können Sie auch Nachlässe verhandeln. Ihr Gläubiger hat gute Gründe, Ihnen entgegenzukommen. Denn er weiß: Im Fall einer möglichen Privatinsolvenz geht er im Zweifel ganz leer aus.

Schritt 5 Suchen Sie sich fachkundige Beratung! Qualifizierte Schuldnerberater unterstützen Sie bei der Analyse und auch in den Verhandlungen mit Gläubigern. Falls nötig, wird eine Privatinsolvenz eingeleitet – und Sie haben bei Wohlverhalten die Chance, nach drei Jahren schuldenfrei zu sein.

Wie man sich Träume ganz smart erfüllt

Wunschträume wie ein E-Bike oder eine Weltreise lassen sich oft nicht einfach erfüllen. Statt teure Kredite aufzunehmen, ist es sinnvoller, regelmäßig zu sparen. Mit etwas Disziplin können große Träume Realität werden.

Bevor Sie sich daranmachen, auf Ihren großen Wunsch zu sparen, sollten alle Schulden getilgt und eine Notreserve für unvorhergesehene Ausgaben angespart sein. Wie Sie dabei vorgehen, lesen Sie in den Kapiteln 1 und 2. Danach können Sie sich an Geldziele machen, die für mehr Freude stehen. Denn wir sparen ja nicht wie der Entenhausener Multimilliardär Dagobert Duck Geld um des Geldes willen, sondern weil wir damit ein konkretes Ziel verbinden – zum Beispiel möchten wir uns einen Traum erfüllen. Solche Träume sind individuell ganz unterschiedlich. Der eine wünscht sich „nur" ein flottes E-Bike, die andere ein Lastenrad oder ein Cabrio mit mindestens 200 PS. Wer es sich gerne zu Hause gemütlich macht, denkt vielleicht an ein elegantes Sofa. Wer seine Träume fern der Heimat realisieren möchte, wünscht sich dagegen eher ein „Round-the-world-Flugticket". Wenn ein junges Paar seine Traumhochzeit plant, wird ohne finanzielle Unterstützung der Eltern auch dieser Wunsch eine finanzielle Vorlaufzeit erfordern. So oder so – solche Träume haben eins gemeinsam: Sie lassen sich in der Regel nicht aus der Portokasse oder einfach so vom Girokonto bezahlen, sondern es braucht eine gewisse Vorbereitung – eine Ansparphase.

Anders als eine Immobilienfinanzierung oder der Aufbau einer Altersvorsorge sind sie aber auch kein Lebensprojekt. Die Ziele sind mittelfristig erreichbar. Das heißt meist in ein bis fünf Jahren. Kleinere Ziele wie etwa den Kauf eines E-Bikes können Sie je nach Sparsumme in einem

Jahr erreichen. Eine üppige Weltreise erfordert je nach monatlicher Sparsumme, ausgesuchten Reisezielen und den Komfortwünschen während des Trips vielleicht drei bis fünf Jahre Vorbereitung. Ob Sie eher für ein Ziel in einem Jahr oder für ein längerfristiges Ziel sparen, es ändert an dem grundsätzlichen Vorgehen nur wenig. Je mehr Zeit Sie für das Ansparen einplanen, desto mehr verschiedene Instrumente können Sie einsetzen. Langfristig besonders renditestarke Anlageformen wie ETF-Indexfonds auf den MSCI sind aber wegen ihrer Schwankungsrisiken für Sparhorizonte bis zu fünf Jahren weniger geeignet. Diese Anlageprodukte finden Sie im Kapitel 6.

Starten Sie mit einem konkreten Plan, um Ihr Wunschziel zu erreichen. Dazu sollten Sie zunächst Zielsumme und Zeithorizont festlegen, in dem Sie Ihr Money Goal erreichen wollen. Daraus können Sie dann die Sparsumme errechnen, die Sie monatlich aufbringen müssen. Entscheiden Sie sich für die Anlageform, die am besten zum Ziel passt. Hier sind Tagesgeldkonten und Festgeldkonten oder alternativ Geldmarkt-ETF (siehe S. 45) die passende Wahl. Eröffnen Sie anschließend ein Konto und ggf. ein Depot und richten einen Sparplan ein. Zur Motivation kann man zum Beispiel ein „Traumfoto" am Kühlschrank befestigen.

Zielsumme und Sparrate festlegen

Um Ihren Traum zu verwirklichen, legen Sie die gewünschte Zielsumme und Anspardauer fest. Daraus ergibt sich die monatliche Sparrate.

Überlegen Sie genau, welche Summe Sie für die Realisierung Ihres Wunschtraums benötigen. Es ist sinnvoll, hierbei auf der einen Seite realistisch, auf der anderen Seite aber doch etwas großzügig vorzugehen. Denn wer auf eine Weltreise geht, möchte in der Regel nicht auf die Besichtigung eines Monuments verzichten, weil der Eintrittspreis etwas hoch erscheint. Eine zwei- bis dreimonatige Weltreise könnte zum Beispiel etwa 18 000 Euro kosten.

Vergessen Sie bei Ihren Planungen nicht die Geldentwertung durch Inflation. Zwar verliert das Geld aktuell nicht so stark an Wert wie im Jahr 2022 nach dem Angriff Russlands auf die Ukraine. Aber seit 1990 lag die Inflationsrate in Deutschland bei rund 2 Prozent pro Jahr. In fünf Jahren hat der heute gesparte Euro bei einer solchen Inflationsrate nur noch einen Wert von rund 90 Cent. Entsprechend wichtig ist es, dass Sie beim Sparen eine Rendite erzielen, die diesen Verlust möglichst ausgleicht.

Wenn Sie in fünf Jahren auf Weltreise gehen wollen und dafür 18 000 Euro veranschlagen, müssen Sie bei zweiprozentiger Verzinsung rund 285 Euro im Monat sparen (siehe Infopassage). Über 60 Monate hätten Sie dann Ihr Ziel erreicht. Wenn Sie die Sparrate auf 300 Euro erhöhen, können Sie auch noch einen gewissen Inflationsausgleich erzielen, und die Zielsumme läge dann mit zweiprozentiger Verzinsung bei 18 905 Euro. Anpassungen Ihrer Sparbemühungen sind in verschiedene Richtungen möglich. Wenn Sie bei kürzerer Reisezeit oder bei weniger Komfortwünschen mit 12 000 Euro für die Weltreise auskommen, müssen Sie monatlich nur 190 Euro zurücklegen. Gibt Ihr monatliches Budget dagegen eine üppige Sparrate von 490 Euro her, können Sie bereits nach drei Jahren in den Langzeiturlaub starten.

NUTZEN SIE UNSEREN SPARRECHNER: Was bringt es, 200 Euro im Monat zu sparen? Wie groß ist nach zehn Jahren der Unterschied zwischen 1 und 3 Prozent Rendite? Solche Fragen beantwortet ein Sparrechner. Mit dem Rechner der Stiftung Warentest können Sie verschiedene Sparziele festlegen, Sparraten und Laufzeiten berechnen und die notwendige Rendite ermitteln, die Sie für ein Sparziel erreichen müssen. Den kostenfreien Sparplanrechner finden Sie unter test.de/spar-rechner.

Auf die Sicherheit achten

Ihre monatlichen Sparbeiträge sollten Sie auf Tagesgeld- und Festgeldkonten überweisen. Dabei kommt es auf absolute Sicherheit der Anbieter an. Unsere ständig aktualisierten Vergleiche der Sparangebote von Kreditinstituten unter test.de/tagesgeld zeigen Ihnen, wo Sie sichere Zinsen für Ihr Geld finden. Die gesetzliche Einlagensicherung in der gesamten Europäischen Union (EU) beträgt 100 000 Euro pro Anleger und Bank. Viele auf dem deutschen Markt tätige Kreditinstitute garantieren weit höhere Beträge über zusätzliche Sicherungssysteme. Deutsche

So wirkt sich die Inflation aus

Inflation kann Ihr Vermögen vernichten. Diese Tabelle zeigt, wie sich die Kaufkraft von heute 1000 Euro bei unterschiedlichen Inflationsraten über die Jahre entwickelt.

Jahre	1,0 %	2,0 %	3,0 %	4,0 %	10,0 %
1	990	980	971	962	909
2	980	961	943	925	826
3	971	942	915	889	751
4	961	924	888	855	683
5	951	906	863	822	621
10	905	820	744	676	386
15	861	743	642	555	239
20	820	673	554	456	149

Das bringt der Zinseszinseffekt

So viel Euro haben Sie bei einer Anlagesumme von 10 000 Euro nach der jeweiligen Anlagedauer und der angegebenen Rendite.

Anlagedauer in Jahren	1,00 %	3,00 %	5,00 %	6,00 %	7,00 %
1	10 100	10 300	10 500	10 600	10 700
2	10 201	10 609	11 025	11 236	11 449
3	10 303	10 927	11 576	11 910	12 250
4	10 406	11 255	12 155	12 625	13 108
5	10 510	11 593	12 763	13 382	14 026
10	11 046	13 439	16 289	17 908	19 672
15	11 610	15 580	20 789	23 966	27 590
20	12 202	18 061	26 533	32 071	38 697

Quelle: Eigene Berechnungen (Ausschüttungsintervall jährlich)

Kreditinstitute, die dem Einlagensicherungsfonds des Bundesverbandes deutscher Banken angeschlossen sind, haften bei Neuanlagen ab 2025 für maximal drei Millionen Euro. Trotz der eigentlich eindeutigen Gesetzeslage empfiehlt die Stiftung Warentest nur Banken aus Ländern der EU und des Europäischen Wirtschaftsraumes, die bei allen drei großen Ratingagenturen Fitch, Moody's und Standard & Poor's eine Topbewertung (AAA oder AA) erhalten. Der Grund: Nur deren Einlagensicherungen halten wir derzeit für so stabil, dass sie Anlegerinnen und Anleger auch im Falle einer größeren Bankenpleite so zeitnah entschädigen könnten, wie es im EU-Recht vorgeschrieben ist.

Zu den Ländern mit der entsprechenden Bonität zählen zum Beispiel Deutschland und Frankreich, die Beneluxländer und die skandinavischen Länder. Anlagen in Spanien, Italien und den baltischen Ländern empfehlen wir zurzeit nicht. Daher fehlen im Tagesgeldvergleich auf test.de Angebote von einigen ausländischen Banken, die bei Zinsplattformen wie Weltsparen oder Check24 angeboten werden.

Sicher sparen mit Tagesgeld, Festgeld oder Geldmarkt-ETF

Für kurzfristige Sparvorgänge sind schwankungsintensive Investitionen am Aktienmarkt nicht geeignet. Für das Traumziel sparen Anlegerinnen und Anleger besser per Tagesgeld, Festgeld oder Geldmarkt-ETF.

Ein verzinstes Tagesgeldkonto haben Sie vermutlich schon seit Längerem oder bei der Ordnung Ihrer Finanzen (siehe Kapitel 1) eingerichtet. Aber können die Konditionen Ihres Tagesgeldes mit dem Markt mithalten? Tagesgeldzinsen sind schließlich nicht festgelegt, und die Bank kann den Zinssatz jederzeit ändern. Das passiert besonders häufig, wenn die Europäische Zentralbank ihren Einlagezinssatz in schneller Folge ändert. Wir nehmen regelmäßig die Zinssätze und Konditionen der Anbieter unter die Lupe. Es zeigt sich: Einige Anbieter liegen sehr regelmäßig unter den besten am Markt.

Wir legen bei unseren Untersuchungen neben der Bonität klare Kriterien an: Die ohnehin nicht üppigen Zinsen dürfen bei Tagesgeldkonten nicht durch Gebühren oder Portokosten geschmälert werden. Auch Bedingungen wie etwa die Eröffnung eines kostenpflichtigen Kontos oder eines Girokontos mit Gehaltseingang führen zum Ausschluss. Der beste Zins muss für einen Sparbetrag von mindestens 20 000 Euro gelten. Wenn das Tagesgeld über eine Zinstreppe verfügt, bei der für höhere Beträge höhere Zinsen gezahlt werden, muss dieser höhere Zins für den gesamten Anlagebetrag gelten.

Um ein Tagesgeldkonto eröffnen zu können, verlangen viele Kreditinstitute eine Mindestanlagesumme von 1000, manche sogar von 5000 Euro oder mehr. Wenn Sie gerade anfangen, für Ihr Traumziel zu sparen, ist das natürlich zu viel. Deshalb sollten Sie Konten bevorzugen, die attraktive Zinsen und keine oder allenfalls sehr geringe Mindestanlagen verlangen. Die besten Zinsen für Tages- beziehungsweise Kündigungsgeld gibt es bei Direktbanken, meist aus dem Ausland. Einige Tagesgeldkonten gehörten in den vergangenen 24 Monaten dauerhaft zu den 20 besten Angeboten. Sie eignen sich für Anleger, die ein überdurchschnittliches Angebot suchen, aber nicht ständig den Anbieter wechseln wollen. Zu den Top-Anbietern ohne Mindestanlage gehören (Stand Mai 2025) die Avida Finanz, die Northmill Bank und die Ayvens Bank (ehemals Leaseplan Bank).

ANGEBOTE FÜR NEUKUNDEN. Zahlreiche Banken bieten zeitlich befristete Angebote für Neukunden oder für neues Geld. Die Konditionen sind sehr attraktiv, gelten aber nur für einen festgelegten Zeitraum von wenigen Monaten. Prüfen Sie, für wie lange dieser Zins garantiert wird, für welchen maximalen Anlagebetrag er gilt und wie hoch der Zins für Bestandskunden ist. Die Angebote lohnen sich für „Zinshopper", die schon über einen gewissen Anlagebetrag verfügen und die Mühe des regelmäßigen Tagesgeldkontowechsels nicht scheuen.

Alternative: Geldmarkt-ETF

Geldmarkt-ETF funktionieren ähnlich wie ETF auf Aktienindizes (siehe Kapitel 5) und sind eine attraktive Alternative zum Tagesgeld. Sie eignen sich für Sie, wenn Sie nicht ständig dem besten Tagesgeld hinterherjagen und dafür neue Konten eröffnen wollen. Investments in Geldmarkt-ETF sind sehr bequem, da sie keine regelmäßige Kontrolle erfordern. Für den Kauf von Geldmarkt-ETF brauchen Sie allerdings ein Depot (siehe unten). Die meisten Banken bieten monatliche Sparpläne, die Sie zum Beispiel mit Sparplänen auf Aktienindex-ETF kombinieren können (siehe auch Kapitel 6). Geldmarkt-ETF bilden einen Index oder Zinssatz gekoppelt nach und setzen auf enthaltene verschiedene Anleihen mit kurzer oder sehr kurzer Laufzeit. Overnight-ETF bilden sogar den Zinssatz ab, zu dem sich Banken über Nacht Geld leihen: Er orientiert sich eng an der Entwicklung des Leitzinses der Europäischen Zentralbank (EZB).

Entscheidend für die Rendite von Geldmarkt-ETF ist die Kostenbelastung. Anders als beim Tagesgeld fallen gleich an mehreren Stellen Kosten an. Die internen Fondskosten sind gering, aber Kaufgebühren und Depotkosten können anteilig teuer werden. Ein Kauf über Filialbanken ist daher unrentabel. Bei einigen Anbietern zahlen Anlegerinnen und Anleger jedoch nichts – oder fast nichts. Im Jahr 2024 konnten Sie mit Geldmarkt-ETF nach Kosten sogar eine leicht bessere Rendite erzielen als mit den besten Tagesgeldkonten. Wir haben im März 2025 die Konditionen bei 23 Banken, Online- und Neobrokern getestet. Acht Anbieter schnitten besonders gut ab: Finanzen.net, Justtrade, N26, Scalable, Smartbroker+, Tradegate Direct, Traders Place und Trade Republic.

Was ist ein Depot und welche Anbieter gibt es?

Für den Handel von ETF, Fonds und Aktien brauchen Sie ein Depot. Hier werden Wertpapiere gehandelt, aufbewahrt und verwaltet.

Depots kann man bei einer Filialbank, einer Direktbank und bei einem Neobroker eröffnen. Filialbanken bieten ein breites Angebot und persönlichen Service, berechnen aber hohe Gebühren. Bei Direktbanken gibt es günstigere Konditionen meist ohne laufende Verwahrgebühr und Bankdienstleistungen wie Girokonten und Kreditkarten.

NEOBROKER: Diese Broker beschränken sich allein auf das Depotgeschäft und sind in der Regel am preiswertesten. Eine aktuelle Übersicht über Depotkosten erhalten Sie unter test.de/depotkosten (kostenpflichtig).

Höhere Zinsen beim Festgeld nutzen

Wenn sich auf dem Tagesgeldkonto nach einigen Monaten oder einem Jahr eine größere Summe angesammelt hat, können Sie das Geld auf ein Festgeldkonto überweisen. Es heißt Festgeld, weil der Zinssatz für die gewählte Laufzeit fest garantiert ist. Im Gegenzug können Sie aber – anders als beim Tagesgeldkonto – nicht oder allenfalls unter finanziellen Einbußen vor dem Laufzeitende darüber verfügen. Im Normalfall werden Sie für diesen Nachteil durch einen höheren Zinssatz entschädigt.

Festgeldkonten können Sie ebenso einfach online einrichten wie ein Tagesgeldkonto. Die besten Festgeldangebote gibt es meist bei Direktbanken, oft im Ausland, oder über Zinsportale wie Weltsparen und Check24.

Für die Eröffnung eines Festgeldkontos verlangen die Banken einen Mindestanlagebetrag. Die Höhe variiert von Anbieter zu Anbieter. In der Regel müssen Sie mindestens 500 Euro mitbringen, manchmal auch 1000 oder 5000 Euro. Festgelder werden für Laufzeiten zwischen einem Monat und zehn Jahren angeboten. Die meisten Offerten liegen bei sechs Monaten bis fünf Jahren. In Zeiten mit einer recht stabilen Inflation steigt der Zinssatz für Festgelder mit zunehmender Laufzeit.

Wichtig ist bei mehrjährigen Festgeldern, ob die Zinsen jährlich gutgeschrieben werden. Denn nur dann profitieren Sie vom Zinseszins. Zudem könnte bei einer Zinszahlung auf einen Schlag auch der Sparerpauschbetrag überschritten werden.

Wenn Sie Festgeldzinsen von einer ausländischen Bank ohne Sitz in Deutschland bekommen, können Sie nicht den automatischen Quellensteuerabzug und den Sparerpauschbetrag nutzen und müssen Ihre Erträge in der Steuererklärung angeben.

ANBIETERAUSWAHL: Die Stiftung Warentest prüft regelmäßig die Konditionen für Festgelder (test.de/festgeld, kostenpflichtig). Es gelten dabei dieselben strengen Anforderungen an die Bonität der Anbieter wie bei Tagesgeldvergleichen. Zudem werden nur Anbieter aufgenommen, die bei mehrjährigen Festgeldern Zinseszinsen berechnen. Attraktive Festgeldkonditionen boten zuletzt (Stand Mai 2025) die Klarna Bank, Crédit Agricole Personal Finance & Mobility, Aareal Bank, abcBank und Santander Consumer Bank.

Keiner weiß wirklich, wie sich die Zinsen entwickeln. Deshalb eignet sich bei Festgeldern die sogenannte Treppenstrategie. Angenommen, Sie planen fünf Jahre Ansparzeit, bis Sie sich Ihre Traumreise leisten können. Dann wählen Sie fünf Festgelder mit Laufzeiten von einem, zwei, drei, vier und fünf Jahren und legen jeweils gleiche Beträge an. Jährlich können Sie dann neue Festgelder zu den jeweils aktuell geltenden Konditionen abschließen.

Welche Probleme können auftreten?

Wenn Sie regelmäßig Ihre Sparraten aufgebracht haben, kann bei der Realisierung Ihres Wunsches eigentlich wenig schiefgehen. Auf den von der Stiftung Warentest empfohlenen Tagesgeld- und Festgeldkonten sind Ihre Geldanlagen insolvenzsicher, und das Geld kann zumindest nominal nicht schrumpfen. Auch mit Geldmarkt-ETF gehen Sie allenfalls minimale Risiken ein.

Möglicherweise waren die Annahmen über die Zinsentwicklung zu optimistisch, oder die Inflationsrate ist zwischenzeitlich so deutlich angestiegen, dass die Kosten für die Realisierung Ihres Wunschtraums über die ursprüngliche Zielsumme gestiegen sind. In diesem Fall müssten Sie gegebenenfalls einige Monate länger sparen, um Ihr Ziel zu erreichen. Zeichnet sich eine solche Tendenz zu negativen Realzinsen schon im Lauf des Ansparvorgangs ab, können Sie frühzeitig gegensteuern und Ihre Sparraten entsprechend erhöhen. Bei etwas mehr finanziellem Aufwand ist das Sparziel dann dennoch pünktlich erreichbar.

04

Ich will meine Familie absichern

Money Goal: Risiko- und Vermögensschutz

Singles sollten sich gegen die größten Lebensrisiken absichern. Väter und Mütter müssen es! Schwere Krankheiten, Unfälle oder Tod bedeuten oft nicht nur seelische Schmerzen, sondern auch finanzielle Katastrophen. Ihr Ziel ist es, sich und Ihre Familie vor den Lebensrisiken bestmöglich zu schützen.

Eltern wissen es: Mit dem ersten Kind ändert sich fast alles. Die Gründung einer Familie bringt viel Freude ins Leben, aber auch ständig neue Herausforderungen und Pflichten. Als Eltern sind Sie jetzt nicht mehr allein für sich verantwortlich. Der bereits vorhandene Notgroschen (siehe Kapitel 1) und das angesparte Kapital für die Erfüllung von Wunschträumen (siehe Kapitel 3) sind eine gesunde Basis, wenn das Leben in vorgezeichneten Bahnen verläuft. Aber was passiert, wenn kleine oder große Katastrophen das Familienglück trüben? Für diese Fälle brauchen Sie eine effektive finanzielle Absicherung.

Die Versicherungsbranche bietet eine Vielzahl von Policen. Einige sind entbehrlich wie eine Brillen-, Reisegepäck- oder Krankenhaustagegeldversicherung. Wenn die Brillenfassung bricht oder der Koffer verloren geht, ist das zwar ärgerlich. Aber den Verlust können Sie aus dem Notgroschen bezahlen. Andere sind „nice to have" wie eine Rechtsschutz- oder Hausratversicherung.

Absolut notwendig sind Versicherungen, die Lebensrisiken abdecken, die Sie nicht schultern könnten. Dazu gehören die private Haftpflichtversicherung, die Risikolebensversicherung, die Berufsunfähigkeitsversicherung und für Kinder eine Invaliditätsversicherung.

Nach der Pflicht erfolgt die Kür. Absicherung bedeutet nicht nur den Schutz vor Risiken wie Krankheit oder Unfällen. Es geht auch darum, eine stabile finanzielle Basis für die Familie zu schaffen und das gemeinsame Leben langfristig zu sichern. Dazu gehört, dass Sie sich gemeinsam Gedanken um die Altersvorsorge machen, vor allem dann, wenn die Einkommen ungleich verteilt sind.

Um die Familie langfristig finanziell abzusichern, können Sie auf Sparpläne und das Pantoffel-Portfolio der Stiftung Warentest (siehe Kapitel 6) bauen. Wenn sich einer der beiden Partner vorrangig um die Care-Arbeit kümmert und in dieser Zeit weniger Rentenansprüche aufbauen kann, sollte für ihn dennoch eine eigene Altersvorsorge aus dem Familieneinkommen aufgebaut werden.

Mit oder ohne Trauschein: Das ist Ihr smarter Plan

Die Absicherung Ihrer Angehörigen ist wichtig. Wenn Sie verheiratet sind, profitieren Sie bei der Vorsorge vom besonderen Schutz für Ehe und Familie. Falls Sie auf den Trauschein verzichten wollen, ist der Aufwand größer.

Falls Sie es noch nicht getan haben: Eine der wichtigsten Maßnahmen zum Geldsparen und zur Absicherung Ihrer Familie ist die Eheschließung. Das Sparen fängt mit Einsparungen bei einfachen Policen an: In einer Vielzahl von Versicherungen sind Ehepartner günstig oder manchmal sogar kostenfrei mitversichert, etwa in der Privathaftpflichtversicherung oder in der Rechtsschutzversicherung. Sie können sich zudem gegenseitig mit einer Risikolebensversicherung absichern oder den Partner in einer Kapitallebens- oder Rentenversicherung als Bezugsberechtigten im Todesfall eintragen. Auch in der Gesetzlichen Krankenversicherung sind Ehepartner, die etwa wegen der Kindererziehung nicht arbeiten, kostenlos mitversichert. Und wer keinen eigenen Anspruch auf Riester-Förderung hat, kann diesen über den Ehepartner bekommen.

Versorgung der Familie im Todesfall

Deutlich wichtiger ist der Status „Verheiratet" bei der Hinterbliebenenversorgung. Bei der Betriebsrente etwa ist in der Regel ein Hinterbliebenenschutz für den Ehepartner enthalten. Falls nicht, kann er vereinbart werden. Auch die Gesetzliche Unfallversicherung leistet im Todesfall für den hinterbliebenen Ehepartner. Angesichts der statistisch höheren Lebenserwartung von Frauen spielt die Witwen- und Witwerrente die wichtigste Rolle. Von der Rente des verstorbenen Ehepartners erhalten Witwen oder Witwer bis zu 55 Prozent. Eigene Einkünfte und Renten würden zwar nach Abzug eines Freibetrags angerechnet. Aber auch so können sich bei einem frühzeitigen Todesfall die Verluste binnen eines Jahrzehnts auf sechsstellige Summen belaufen.

Im Erbfall macht sich der Trauschein bezahlt. Denn noch immer ist das deutsche Erbrecht eindeutig an den Familienstatus gekoppelt (siehe dazu Kapitel 12). Wenn ein Ehepartner verstirbt, kann der andere bis zu 500 000 Euro steuerfrei erben. Für Beträge, die darüber hinausgehen, fallen relativ geringe Steuern an. Erst bei einem Maximalbetrag ab 26 Millionen Euro müssen 30 Prozent Erbschaftssteuer entrichtet werden. Werden Immobilien vererbt, genießt das sogenannte Familienheim einen besonderen Status (mehr dazu lesen Sie in Kapitel 12). Bei unverheirateten Paaren sieht es deutlich magerer aus. Egal wie lange sie zusammengelebt oder gemeinsam Kinder erzogen haben: Ohne Testament gehen Partnerinnen und Partner leer aus. Und auch mit Testament ist der Freibetrag auf 20 000 Euro gedeckelt. Zudem sind die Steuersätze auf darüber hinausgehendes Vermögen deutlich höher. Sie beginnen bei 30 Prozent und reichen bis 50 Prozent.

Prüfen Sie Ihre Situation

Bevor Sie mit der konkreten Umsetzung der Absicherungsstrategien beginnen, sollten Sie zunächst Ihre Ausgangslage genau analysieren. Punkt eins ist die Partnerschafts- und Familiensituation. Für Verheiratete ist die Situation am einfachsten. Sie profitieren von vielen gemeinsam möglichen Verträgen und vor allem von den gesetzlichen Vorschriften bei der Hinterbliebenenvorsorge, der Rente und der Begünstigung im Erbrecht. Unverheiratete müssen auf viele Vorteile verzichten und sich frühzeitig Gedanken um ein Testament machen, damit der Lebenspartner im Todesfall nicht komplett leer ausgeht (siehe Sonderseite Verheiratet versus Unverheiratet). Menschen in Patchworkfamilien sollten zudem vor allem erbrechtliche Fragen bedenken (siehe S. 148). .

Anschließend kommen die Versicherungen auf den Prüfstand. Einige wie die Haftpflichtversorgung brauchen Sie nicht doppelt, wenn Sie zusammenwohnen. Da ist eine Familienpolice günstiger als zwei Einzelpolicen. Andere, wie Risiko- oder Berufsunfähigkeitspolicen, sind an eine Person gebunden. Bei der Risikolebensversicherung wird im Todesfall automatisch an den Ehepartner ausgezahlt, wenn nichts anderes vereinbart wurde. Unverheiratete können sich als Begünstigte einsetzen. Wenn Sie Kinder haben, sollten Sie über einen entsprechenden Invaliditätsschutz nachdenken. Wichtig ist in jedem Fall die finanzielle Absicherung des Partners oder der Partnerin mit dem geringeren Einkommen. Bei Verheirateten ist es besonders wichtig, zu prüfen, ob ein Ehevertrag aufgesetzt wird und wie er ausgestaltet werden soll.

Die wichtigsten Versicherungen

Weniger ist manchmal mehr: Um Ihre Familie abzusichern, brauchen Sie keine Brillen- oder Reisegepäckversicherung. Wichtiger sind Policen, die im finanziellen Notfall einspringen.

Starten wir mit der privaten Haftpflichtversicherung. Es ist schnell passiert: Ein Radfahrer übersieht am Zebrastreifen eine alte Fußgängerin. Sie landet mit einem Oberschenkelhalsbruch im Krankenhaus und wird anschließend pflegebedürftig. Oder eine Mieterin vergisst eine Pfanne mit heißem Öl auf dem Herd. Das Ganze fängt Feuer und führt zum Abbrennen des gesamten Mehrfamilienhauses. Der Schaden kann in die Millionenhöhe gehen, und die Verantwortlichen haften mit ihrem gesamten Vermögen für die Folgen. Das kann selbst für wohlhabende Menschen den Ruin bedeuten. Eine einfache Versicherung schützt Sie dagegen – die Privathaftpflichtpolice. Hier springt der Versicherer ein,

Verheiratet versus unverheiratet

Steuern sparen mit dem Ehegattensplitting: Je größer die Einkommensunterschiede zwischen den Eheleuten, desto größer sind die Steuervorteile durch den Splittingtarif. Unterscheiden sich die Einkommen jedoch kaum, ändert sich durch die Hochzeit steuerlich praktisch nichts.

Einkommen[1] Partner 1 (in Euro)	**Einkommen[1] Partner 2 (in Euro)**	**Splittingvorteil[2] (= Steuerersparnis im Vergleich zu Unverheirateten in Euro)**
80 000	20 000	3 523
30 000	40 000	91
30 000	50 000	362
40 000	40 000	0

[1] zu versteuerndes Einkommen, [2] inkl. Solidaritätszuschlag, Steuerrechner auf test.de (Stand 2024)

Günstigere Regeln bei Erbschaft und Schenkung: Eheleute werden – genauso wie eingetragene Lebenspartner und Kinder – bei Erbschaften und Schenkungen in Steuerklasse I eingruppiert. Unverheiratete zahlen dagegen die höheren Steuersätze der Steuerklasse III. Für Geschwister ist Steuerklasse II vorgesehen. Zusätzlich profitieren Ehepartner von einem höheren Freibetrag (siehe auch Kapitel 12).

Steuerpflichtiges Erbe/Geschenk bis … (in Euro)	**Steuern in Steuerklasse … (in Prozent)**		
	I	**II**	**III**
75 000	7	15	30
300 000	11	20	30
600 000	15	25	30
6 000 000	19	30	30
13 000 000	23	35	50
26 000 000	27	40	50
Über 26 000 000	30	43	50
Freibetrag (in Euro)	500 000	20 000	20 000

wenn Dritte Ersatz für Personen- oder Vermögensschäden vom Versicherten beanspruchen. Alternativ tritt die Versicherung in einen Rechtsstreit ein und wehrt so unberechtigte Forderungen ab.

Klar, eine zerbrochene Vase oder ein beschädigtes Elektrogerät kann man locker aus der eigenen Tasche bezahlen. Aber weil der mögliche Schaden nach oben unbegrenzt ist, ist die Privathaftpflicht wichtiger als etwa eine Hausratversicherung. Insbesondere nach Unfällen mit schweren Verletzungen und bleibenden Folgen reicht das Vermögen des Verursachers meist nicht aus, um Schmerzensgeld, Verdienstausfall und fortlaufende Behandlungskosten jenseits der Krankenversicherung zu bezahlen. Die Stiftung Warentest untersucht die Haftpflichtpolicen regelmäßig. Nach unserer Einschätzung lohnt es sich, eine möglichst neue Police zu wählen, weil diese mehr Risiken abdecken.

Was gute Policen bieten sollten

Unsere Versicherungsexpertinnen und -experten haben die Kriterien festgelegt, die gute Policen mindestens erfüllen sollten. Wichtigster Punkt: Der Versicherer soll mindestens bis zu 10 Millionen Euro Entschädigung pauschal für Personen- und Sachschäden bieten. Hinzu sollten die Policen „Allmählichkeitsschäden" abdecken, die sich über einen längeren Zeitraum durch die schleichenden Einwirkungen von Umwelteinflüssen wie Feuchtigkeit, Temperatur oder Gasen entwickeln, und für Schäden im Ausland aufkommen. Empfehlenswert sind zudem die Absicherung von ehrenamtlichem Engagement, bei der weltweiten Nutzung von Ferienwohnungen sowie der Regress von Sozialversicherungsträgern. Besonders wichtig ist auch die sogenannte Forderungsausfalldeckung: Die Versicherung springt dann ein, wenn Versicherte selbst einen Schaden erleiden und der dafür Verantwortliche für eine Entschädigung keine Haftpflichtversicherung und nicht genug Geld hat.

FAMILIENPOLICE VORTEILHAFT: Wer mit seinem Partner zusammenzieht, heiratet oder Kinder bekommt, kann eine Familienpolice abschließen. Policen, die alle oben genannten Anforderungen der Stiftung Warentest erfüllen, müssen gar nicht teuer sein. Beim Test im September 2024 waren die preisgünstigsten unter den mit Sehr gut bewerteten Tarifen der SDK Neva Plus (81 Euro pro Jahr) sowie der WGV Plus (86 Euro), und der Alteos Diamant (99 Euro).

Risikolebensversicherung

Ein Sturz von der Leiter, eine Unachtsamkeit auf der Straße oder ein plötzlicher Herzinfarkt: Schon in jungen Jahren kann ein Leben ganz plötzlich enden. Damit die Familie in solchen Momenten nicht mittellos dasteht, ist eine Lebensversicherung unabdingbar. Die Versicherungsbranche bietet dafür verschiedene Tarife an. Die klassische Lebensversicherung ist jedoch zur Absicherung nicht wirklich geeignet. Sie koppelt nämlich den Todesfallschutz mit einem Sparplan, in den der größte Teil der monatlichen Raten fließt. Wegen der Provisionen und Kostenbelastungen sowie der sehr sicherheitsbetonten Anlage der Spargelder können Sie im Erlebensfall nur mit einer sehr geringen Rendite rechnen. Unter dem Aspekt der Absicherung ist aber viel gravierender, dass der finanzielle Risikoschutz selten ausreichend ist. Um eine sechsstellige Auszahlung im Todesfall zu erhalten, müssten die monatlichen Raten in einer solchen klassischen Lebensversicherungspolice mehrere Hundert Euro pro Monat betragen.

Die bessere Variante ist eine Risikolebensversicherung. Sie enthält keine Sparplankomponente, sondern sichert allein das Leben ab. Die Lebensversicherung zahlt im Todesfall des Versicherungsnehmers eine festgelegte Geldsumme aus und schützt Angehörige, die finanziell vom Verstorbenen abhängig waren. Versicherte legen selbst fest, wie viel Geld im Falle ihres Tode gezahlt werden soll. Die Versicherungssumme ist das Herzstück der Risikolebensversicherung. Wenn ein fehlendes Einkommen viele Jahre ausgeglichen werden muss, kommt schnell eine hohe Summe zusammen. Die Versicherungslaufzeit sollte so lang sein, wie das wegbrechende Einkommen ausgeglichen werden muss. Bei Familien bedeutet das: mindestens, bis die Kinder auf eigenen Füßen stehen und/oder die eigene Immobilie abbezahlt ist (siehe Kapitel 7).

Die Versicherungssumme sollte hoch genug sein, um Hinterbliebene ausreichend abzusichern. Der Richtwert für die Bestimmung der Versicherungssumme ist ungefähr das Drei- bis Fünffache des Bruttojahresgehalts. Genauer können Sie die passende Versicherungssumme über die sogenannte Versorgungslücke berechnen. Dafür ermitteln Sie, wie viel Geld monatlich fehlen wird. Sie listen dabei auf, wie hoch das aktuelle Gesamteinkommen der Familie ist, wie hoch die Gesamtausgaben sind und wie hoch beides wäre, falls die versicherte Person stirbt. Dabei wird nicht nur auf das wegbrechende Einkommen geschaut, sondern auch kalkuliert, ob sich Ausgaben ändern, weil beispielsweise das Zweitauto verkauft wird, oder Einnahmen etwa aus einer Witwen- oder Waisenrente hinzukommen. Das ermittelte Einkommensdefizit wird dann mit der Dauer multipliziert, in der das wegbrechende Einkommen ausgeglichen werden soll. Das Ergebnis ist die passende Versicherungssumme. Mehr dazu unter test.de/risikolebensversicherung (kostenpflichtig).

Risikolebensversicherungen sind deutlich günstiger als die Kombinationsvarianten. Bei einem Einstiegsalter von 35 Jahren und einem Versicherungsende mit 60 Jahren können Nichtraucher schon ab 10 Euro monatlichem Beitrag pro 100 000 Euro Versicherungssumme zum Zuge kommen. Der sogenannte Tarifbeitrag liegt dabei zwar deutlich höher. Bis zu dieser Summe kann der Versicherer die Zahlungen maximal erhöhen. Der Zahlbeitrag liegt aber in der Regel wesentlich niedriger (siehe Infopassage).

Selbst wenn ein Partner ein deutlich höheres Einkommen für die Familie beisteuert, sollten beide eine Risikolebensversicherung haben. Denn im Todesfall muss ja auch die familiäre „Care-Arbeit" ersetzt werden. Für Paare bietet sich eine verbundene Risikolebensversicherung, kurz „Verbundene Leben", an. Stirbt einer von beiden, wird die Versicherungssumme an den anderen ausgezahlt. Wenn preisgünstige Versicherer keine verbundenen Risikolebenstarife anbieten, können Paare alternativ einzelne Verträge abschließen und sich gegenseitig als Versicherte einsetzen. Bei dieser Überkreuzversicherung fällt keine Erbschaftssteuer an. Sterben beide, steht die Versicherungssumme beider Verträge zur Verfügung – beispielsweise für die Kinder.

TARIFBEITRAG VERSUS ZAHLBEITRAG: Bei Risikolebensversicherungen und auch Berufsunfähigkeitspolicen gibt es jeweils zwei Beitragskennzahlen. Der Tarifbeitrag ist der kalkulierte Risikobeitrag der Versicherungen. Bei Tarifen mit Beitragsverrechnung kann der Versicherer den Beitrag bis zu dieser Grenze erhöhen. Der Zahlbeitrag wird auch Nettobeitrag genannt. Ihn müssen Kundinnen und Kunden aktuell tatsächlich zahlen. Er ergibt sich aus dem Tarifbeitrag abzüglich der Überschüsse, die die Gesellschaften erwirtschaften und zu weiten Teilen an die Kunden und Kundinnen weiterreichen müssen.

Berufsunfähigkeitsversicherung

Das größte finanzielle Risiko ist der Verlust der eigenen Arbeitskraft. Kein Wunder: Im Laufe eines 40-jährigen Berufslebens kommt schon ein Durchschnittsverdiener auf ein Bruttoeinkommen von rund 2 Millionen Euro. Auf diese Einnahmen können Familien nicht verzichten. Gerade bei einem Ausfall des Einkommens in jungen Jahren ist finanzielle Bedürftigkeit im Normalfall vorprogrammiert, zumal dann auch Leistungen aus der gesetzlichen Erwerbsunfähigkeitsrente sehr gering ausfallen. Für den Fall der Fälle sollten die Ernährer einer Familie also vorsorgen – mit einer Police gegen Berufsunfähigkeit (BU).

Die BU-Police ist neben der Privathaftpflicht eine der wichtigsten Versicherungen. Anders als die Haftpflichtpolice und die Risikolebensversicherung gehört sie aber auch zu den teuersten und kompliziertesten. Denn der Versicherer muss schließlich eine monatliche Rente zahlen, wenn Erwerbstätige ihren aktuell ausgeübten Beruf aus gesundheitlichen Gründen vorübergehend oder langfristig aufgeben müssen – im Zweifel über Jahrzehnte. Und der Versicherungsfall tritt häufig ein: Etwa jeder vierte Erwerbstätige scheidet wegen Krankheit oder Unfall vor Erreichen des Renteneintrittsalters aus dem aktiven Berufsleben aus. Bei den Gründen stehen Depressionen und andere psychische Erkrankungen an erster Stelle. Es folgen Krebs und Rücken. Verkehrs-, Arbeits-, Sport- oder Haushaltsunfälle machen insgesamt knapp 10 Prozent aus.

Wegen der möglicherweise sehr hohen Kosten prüfen die Anbieter die Gesundheit der Antragstellenden ganz genau. Für fünf bis zehn Jahre rückwärts müssen alle Krankheiten, Diagnosen, Arzt- und Krankenhausbesuche angegeben werden. Um beim Antrag nichts zu vergessen, sollten Sie sich von Ihren behandelnden Ärzten Ihre Patientenakten aushändigen lassen. Jede kleine Behandlung – etwa wegen Rückenschmerzen – sollten Sie bei der Gesundheitsprüfung angeben. Schummeln lohnt nicht, weil die Versicherer im Leistungsfall genau prüfen, ob Sie Jahre oder Jahrzehnte zuvor beim Antrag korrekte Angaben gemacht haben. Die Gesundheitsprüfungen sind streng. Schon eine absolvierte Psychotherapie oder ein kleines Rückenleiden kann zur Ablehnung oder zu empfindlichen Aufpreisen führen. Deshalb ist es sinnvoll, möglichst schon in sehr jungen Jahren eine Police abzuschließen. Die versicherte Summe sollte mit steigendem Einkommen oder bei Änderung der Familienverhältnisse ohne erneute Gesundheitsprüfung anpassbar sein.

Anonyme Risikovoranfrage

Wegen möglicher hoher Kosten sind Versicherer wählerisch. Zwischen 25 und 40 Prozent der Anträge auf eine BU-Police werden aus Gesundheitsgründen abgelehnt. Kassieren Sie eine Absage, müssen Sie das im Antrag bei einer neuen Versicherung angeben, was Ihre Chancen weiter mindert. Doch es gibt eine Lösung: die Risikovoranfrage. Versicherungsmakler fragen dabei mit Krankheitsgeschichten bei mehreren Versicherungsgesellschaften nach, ob ein Vertrag infrage kommt. Erst wenn die Versicherung zusagt, wird der echte Antrag mit Ihrem Namen gestellt.

Daran erkennen Sie gute BU-Policen

Bei BU-Policen ist nicht allein der Preis wichtig, sondern auch die Qualität der Tarife. Gute Tarife zeichnen sich durch folgende Merkmale aus:

Verzicht auf abstrakte Verweisung Der Versicherer verzichtet altersunabhängig darauf, den Kunden auf einen anderen Beruf zu verweisen und deswegen die Rente zu verweigern.

Sechs-Monats-Prognose Die Berufsunfähigkeit wird bereits anerkannt, wenn ein Arzt sie für „voraussichtlich sechs Monate" prognostiziert.

Rückwirkende Leistung Lässt sich nicht sofort feststellen, ob ein Kunde berufsunfähig bleibt, wartet der Versicherer sechs Monate mit der Rentenzahlung. Liegt weiter Berufsunfähigkeit vor, zahlt er rückwirkend ab Beginn.

Rückwirkende Leistung für mindestens drei Jahre Meldet der Versicherte die Berufsunfähigkeit verspätet, zahlt der Versicherer bis zu drei Jahre rückwirkend oder länger.

Verzicht auf Mitteilung Der Versicherer verlangt keine aktive Mitteilung bei gesundheitlichen Verbesserungen im Leistungsfall. Sie müssen die Fortschritte erst bei einer Nachfrage angeben.

Nachversicherungsgarantie Der Schutz kann ohne Gesundheits- oder Risikoprüfung oder mindestens bei Anlässen wie Ausbildungsende, Heirat, Geburt eines Kindes oder Gehaltserhöhung gesteigert werden. Eine Erhöhung der versicherten BU-Rente von 1000 auf 2500 Euro sollte binnen zehn Jahren möglich sein.

Garantierte Leistungsdynamik Die Rente erhöht sich regelmäßig um den vereinbarten Prozentsatz.Die Anhebung erfolgt unabhängig von der Entwicklung der Inflation.

Stundung bei Zahlungsschwierigkeiten Diese sollte anlassunabhängig mindestens zwölf Monate betragen und während der Vertragslaufzeit mehrmals möglich sein.

So viel kann eine BU kosten

Die BU-Police ist nicht nur kompliziert, sondern auch teuer. Wenn Sie beim Abschluss keine Gesundheitsrisiken haben, hängt der Preis vorrangig von Ihrem Beruf ab. Dabei gilt: Je höher das Risiko einer späteren Berufsunfähigkeit, umso teurer die Versicherung. Wer etwa als Arzt, Architektin oder Psychologe arbeitet, hält meist bis zur Rente durch und muss dementsprechend niedrige Prämien zahlen. Erzieherinnen, Lehrer und Physiotherapeuten machen aus psychischen oder physischen Gründen häufiger schlapp und zahlen höhere Beiträge. Besonders teuer wird es für Fachkräfte wie Dachdecker, Fliesenlegerinnen oder Gerüstbauer. Sie halten wegen ihrer sehr anstrengenden körperlichen Arbeit eher selten bis zum regulären Rentenbeginn durch. Die Spannweite der Tarife ist dementsprechend groß: Ärzte etwa können eine BU-Rente von 2000 Euro für deutlich unter 100 Euro pro Monat bekommen, in den körperlich fordernden Berufen kostet die Police mitunter 250 Euro.

Bis zu 80 Prozent des aktuellen Netto-Monatseinkommens können Sie absichern. Es ist nicht empfehlenswert, deutlich unter der 80-Prozent-Grenze zu bleiben. Denn beim Eintritt der Berufsunfähigkeit sollte ja der bisherige Lebensstandard weiter ermöglicht werden. Wichtig ist daher vor allem, die Rente nach Vertragsschluss unkompliziert erhöhen zu können und diese Gelegenheiten wirklich wahrzunehmen. Wenn Sie etwa eine Immobilie kaufen und eine höhere monatliche Belastung haben, sollte diese auch mit der BU-Rente abgedeckt werden können. Geradezu sinnlos sind extrem niedrige BU-Summen, etwa 500 Euro für einen Familienvater. BU-Renten werden nämlich auf gesetzliche Sozialleistungen angerechnet. Wenn Sie als Berufsunfähiger 500 Euro Rente bekommen, wird Ihnen diese Summe von etwaigen Unterstützungszahlungen abgezogen.

Kinderinvaliditätsversicherung: Schutz für den Katastrophenfall

Niemand möchte sich vorstellen, dass sein Nachwuchs schwer gesundheitlich beeinträchtigt wird. Und doch passieren solche Schicksalsschläge – durch einen Unfall oder häufiger noch durch eine gravierende Krankheit. Wenn ein Kind danach schwer behindert ist, wird die Sorge oft noch durch finanzielle Belastungen erschwert. Denn es können Zusatzkosten für Umbaumaßnahmen in der Wohnung anfallen, die möglicherweise nicht von der gesetzlichen Kranken- und Pflegeversicherung gedeckt werden. Auch die Betreuungskosten für ein schwer krankes Kind sind ungleich höher als für ein gesundes. Nicht selten muss sogar einer der beiden Elternteile seine Berufstätigkeit einschränken oder gar für längere Zeit gänzlich stoppen. Unter Umständen ist das Kind ein Leben lang nicht in der Lage, sich selbst zu versorgen.

Um für den Fall einer solch schwierigen Situation zumindest die finanzielle Belastung zu mildern, bietet sich der Abschluss einer sogenannten Kinderinvaliditätsversicherung an. Sie zahlt eine lebenslange monatliche Rente oder einmalig eine hohe Summe. Eine Kombination beider Leistungen ist möglich und empfehlenswert. Denn im Falle eines Falles müssen oft ad hoc größere Anschaffungen geleistet werden. Gleichzeitig drohen aber auch lebenslange Zusatzbelastungen. Eltern können den Versicherungsschutz meist ab dem ersten Lebensjahr des Kindes abschließen, seltener schon ab der sechsten Lebenswoche.

Weil beim Abschluss der Police Gesundheitsfragen wahrheitsgemäß beantwortet werden müssen, ist ein möglichst frühzeitiger Abschluss sinnvoll, bevor etwa Entwicklungsverzögerungen beim Kind beobachtet werden.

Einige Verträge laufen nur bis zum 18. Geburtstag, andere lebenslang. Die lange Variante eignet sich für Eltern besser, weil bei nachhaltigen Beeinträchtigungen der Kinder lebenslang zusätzliches Geld benötigt wird. Ideal ist, wie bereits erwähnt, auch die Kombination von Einmalzahlung und monatlicher Rente. Eine solche Variante ist zwar teurer, sichert aber dauerhaft ab.

Die Kinderinvaliditätsversicherung wird weniger häufig angeboten als eine Unfallversicherung für Kinder. Die Kinderinvaliditätsversicherung ist aber auf jeden Fall einer Unfallversicherung für Kinder vorzuziehen, weil mehr als die Hälfte der schweren Beeinträchtigungen durch Krankheiten entstehen.

Tipps bei Geringerverdienenden

Wenn Kinder geboren werden, nehmen die Einkommensunterschiede bei Paaren oft zu. Damit die Care-Arbeit nicht zur Armutsfalle wird, sollte die Partnerin oder der Partner mit dem niedrigeren Einkommen zusätzlich finanziell abgesichert werden.

Die Zeiten des Alleinverdieners sind vorbei. Aber wenn Paare Kinder bekommen, steckt fast immer noch ein Partner beruflich zurück. Meist ist es die Frau. Deshalb ist es gerecht, die finanziellen Einbußen innerhalb der Familie auszugleichen, zumal in Großstädten rund die Hälfte der Ehen auseinandergeht.

Immerhin hat der Gesetzgeber dafür gesorgt, dass Erziehende in der Rente nicht benachteiligt werden. Für bis zu drei Jahre gibt es für jedes ab 1992 geborene Kind wie für einen Durchschnittsverdiener jeweils einen Rentenpunkt. Ein Rentenpunkt entspricht im Jahr 2025 rund 40 Euro Rente monatlich. Nur wer vorher mehr als den Durchschnittsverdienst von gut 50 000 Euro pro Jahr hatte, macht also ein Minus.

Dennoch ist eine Unterbrechung durch Kindererziehung oft auch mit einer Karrierebremse verbunden. Deshalb ist es sinnvoll, zu den gegebenenfalls schon vorhandenen Sparplänen für die Familie einen zusätzlichen für den geringer verdienenden Partner aufzulegen. Bei der Auswahl können Sie sich auf das bewährte Pantoffel-Portfolio von Stiftung Warentest stützen (siehe dazu S. 80).

Riester-Zulagen nutzen

Wenn ein Partner ganz oder nahezu vollständig pausiert, lohnt sich auch eine Riester-Rente. Sie ist zwar umstritten und wird unter Umständen bald ersetzt. Noch aber gibt es sie, und es gibt für Kinder reichlich Zulagen vom Staat. Für nach 2008 geborene Kinder sind es je 300 Euro im Jahr, zusätzlich zur Grundzulage von 175 Euro. Um die vollen staatlichen Zulagen für ihren Riester-Vertrag zu erhalten, müssen Arbeitnehmer zwar 4 Prozent ihres rentenversicherungspflichtigen Einkommens des

Vorjahres einzahlen – abzüglich der Zulagen. Liegen diese 4 Prozent aber unter dem Wert der Zulagen, fällt der Eigenbeitrag auf 60 Euro zurück. Bei einer Eigenzahlung von 60 Euro und 775 Euro Zulagen vom Staat für eine pausierende Person mit zwei Kindern lohnt sich jeder Riester-Vertrag – selbst wenn die Rendite des Vertrages nur minimal ausfällt.

Auch beim Erben von Riester-Kapital ist der Trauschein von Vorteil. Im Falle von unverheirateten Paaren erhält der überlebende Partner lediglich die selbst eingezahlten Beträge abzüglich der erhaltenen Förderung und der steuerlichen Vorteile. Ehepartner und eingetragene Lebenspartner dürfen das gesamte Kapital inklusive aller Förderleistungen ihres verstorbenen Partners behalten, wenn sie das geerbte Kapital für die eigene Altersvorsorge nutzen. Hierfür hat der Gesetzgeber verschiedene Wege vorgesehen. Da nicht jeder Anbieter alle Wege anbietet, sollten Kunden sich vor dem Vertragsabschluss umfassend informieren.

05

Ich will Geld für meine Kinder anlegen

Vermögen aufbauen – aber wie?

Ob Studium oder Ausbildung, Führerschein, ein Auslandsaufenthalt oder aber die Einrichtung der ersten eigenen Wohnung: Wenn die Kinder flügge werden, ist das in der Regel erst einmal teuer. Wer rechtzeitig mit der Vorsorge für Kinder oder Enkel beginnt, erleichtert dem Nachwuchs den Start ins Erwachsenenleben.

Liegt es in den Genen, oder ist es Chemie? Wenn es um Kinder oder Enkel geht, zücken Eltern und Großeltern meist schnell das Portemonnaie. Finanzinstitute werben für „mitwachsende Kinderkonten", für die keine Gebühren anfallen. Auch selbst ernannte Finfluencer und viele Versicherer haben sich auf Finanzvorsorge für Kinder eingestellt. Kaum ist der Nachwuchs da, flattern den Eltern jede Menge Angebote ins Haus. Neben diversen Absicherungen vor Unfall, Invalidität etc. wird dann zum Beispiel auch für sogenannte Ausbildungsversicherungen – „steuerlich optimiert" – geworben. Klingt verlockend, aber rechnet sich das auch?

Um es gleich vorwegzusagen: Vorsorge für den Nachwuchs ist sinnvoll, aber derlei Angebote sind es eher nicht. Sparkonten, auf denen sich die eingezahlten Sparbeträge kaum verzinsen, bringen in der Regel keine Rendite, sondern reale Verluste, weil die Inflation höher ist als der gebotene Zins und das Geld auf dem Konto damit an Wert verliert. Und auch Kombi-Produkte wie Ausbildungsversicherungen, die mit Garantien ausgestattet sind, empfehlen wir nicht. Zwar locken die Anbieter bei Kindersparplänen oder Produkten wie Führerschein- oder Ausbildungssparen zum Teil mit attraktiver Verzinsung, aber die ist oft schon bei geringen Beiträgen gedeckelt. Grundsätzlich gilt: Absicherung und Vermögensaufbau trennen – ob für Kinder oder Erwachsene. Denn Kombi-Produkte sind in der Regel intransparent, unflexibel und vor allem teuer. Es gibt aber kostengünstige und renditestarke Alternativen, um den Kindern den Start ins Erwachsenenalter finanziell zu erleichtern.

Mit einer klugen Finanzplanung ermöglichen Sie Ihrem Nachwuchs echte Chancen. Wenn Sie auf den Namen des Kindes Geld zurücklegen, sind Sie Treuhänder des angesparten Vermögens. Allein der Begünstigte kann mit Volljährigkeit über die Verwendung entscheiden. Je eher Sie mit der Vorsorge beginnen, desto länger ist der Anlagehorizont bis zur Volljährigkeit, sodass der Zinseszinseffekt für attraktive Renditen sorgt.

Je nach Ziel ist eine andere Herangehensweise gefragt

Finanziell für Kinder oder Enkel vorzusorgen ist sinnvoll. Aber nicht um jeden Preis. Eltern – vor allem Mütter – neigen dazu, den Kindern alles ermöglichen zu wollen. Und stehen selbst am Ende ohne ausreichende Mittel da. Dabei ist eine gute Absicherung der Eltern der beste Schutz für ein Kind. Bevor Sie also Geld für Ihre Kinder anlegen, sollten Sie einen Kassensturz machen und realistisch Bilanz ziehen (siehe Kapitel 1): Welche Sparsumme können Sie tragen, ohne selbst finanziell auf dem Schlauch zu stehen? Welche finanziellen Herausforderungen könnten in Zukunft auf Sie zukommen? Wie viel Flexibilität benötigen Sie für den Fall der Fälle? Erst wenn Sie einen guten Überblick über Ihre Finanzen haben, können Sie die Vorsorge für Ihre Kinder vernünftig planen.

Auf den Namen des Kindes oder besser auf meinen?

Wenn Sie Geld für Ihre Kinder oder Enkel ansparen möchten, haben Sie zwei Möglichkeiten: Sie können das Geld auf Ihren Namen anlegen. Oder aber Sie legen das Geld auf den Namen des Kindes an und fungieren dann als Treuhänder, bis das Kind volljährig ist. Beide Varianten haben Vor- und Nachteile. (Siehe auch die Grafik auf Seite 65.) Als Treuhänder haben Sie keinen Einfluss darauf, wie das Geld verwendet wird. Party oder Ausbildung: Das Kind kann bei Volljährigkeit allein über die Verwendung entscheiden. Die Grenzen sind sehr eng gesetzt und sollen die Kinder vor missbräuchlicher Verwendung der Treuhänder schützen.

Im Zweifel können Eltern zu Schadenersatz verurteilt werden, wenn sie zum Beispiel einen Auslandsaufenthalt für das Kind mit dem Geld finanzieren, das sie auf dessen Namen angelegt haben. So hat das Oberlandesgericht Celle entschieden, dass Eltern, die das Geld ihrer Tochter zur Finanzierung des gemeinsamen Wohnhauses nutzen, ihre Vermögensbetreuungspflicht verletzt haben und schadenersatzpflichtig sind (Az. 21 UF 89/17). Im selben Verfahren ging es auch um die Frage, ob die damals minderjährige Tochter ihren Führerschein mit ihrem eigenen Geld bezahlen darf. „Nein", urteilten die Richter. Die Tochter war zwar mit der Verwendung ihres Geldes für den Führerschein einverstanden. Diese Zustimmung ist jedoch nicht wirksam, weil Minderjährige grundsätzlich keine wirksame Zustimmung zur Verwendung ihres Geldes erteilen können. Der Vater muss der Tochter daher auch die Kosten für den Führerschein samt Zinsen erstatten.

Grundsätzlich gilt: Ist eine Sparanlage oder ein Depot auf den Namen des Kindes angelegt, gehört es auch ausschließlich dem Kind. Die Eltern verwalten es nur bis zur Volljährigkeit. Erst wenn das Kind 18 wird, kann es mit dem Geld machen, was es will.

Bevor Sie starten, gilt es also, die Vor- und Nachteile genau abzuwägen. Im Folgenden fokussieren wir uns auf Kinderkonten und Kinderdepots, also die Geldanlage für Kinder auf deren Namen.

Diese Sparformen eignen sich

Aktieninvestments bieten auf lange Sicht die besten Renditeaussichten. Wer Risiken rausnehmen möchte, wählt ein Pantoffel-Portfolio und variiert je nach Sicherheitsbedürfnis den Anteil des Sicherheitsbausteins im Depot.

Geld für den Nachwuchs auf einem Sparbuch anzusparen ist keine gute Idee. In der Regel liegen die angebotenen Zinsen unterhalb der Inflation. Reale Rendite erzielen Sie aber nur dann, wenn die Verzinsung bzw. Rendite höher ist als die Preissteigerung. Wenn Sie also regelmäßig Geld auf ein Sparkonto einzahlen, steigt der angesparte Betrag auch dank der Minizinsen zwar von Jahr zu Jahr an, aber das angesparte Geld verliert an Kaufkraft, also Wert. Am Ende kann es sein, dass der Nachwuchs in

Im eigenen Namen oder direkt auf den Namen des Kindes?

Wer im eigenen Namen für ein Kind spart, kann das Geld auch für sich selbst verwenden. Legen Sie dagegen auf den Namen des Kindes an, gehört das Geld ausschließlich ihm. Unsere Tabelle nennt Vor- und Nachteile der beiden Sparwege. Unter steuerlichen Gesichtspunkten ergibt es Sinn, wenn das Kind Konto- oder Depotinhaber ist.

	Sparen auf eigenen Namen	Sparen auf den Namen des Kindes
KONTROLLE	Eltern und Verwandte können über das Geld frei verfügen, es dem Kind geben oder es – falls sich ihre Meinung über die Zuwendung geändert hat – für sich selbst ausgeben.	Das Geld gehört ausschließlich dem Kind. Eltern dürfen es nur verwalten, aber nicht für dessen Lebensunterhalt wie die Einrichtung des Kinderzimmers ausgeben. Solche Ausgaben fallen nach Gerichtsurteilen unter die elterliche Fürsorgepflicht.
STEUER	Angehörige müssen Kapitaleinkünfte versteuern. Sie belasten mit Erspartem ihren Sparerpauschbetrag von 1000 Euro (Single) bzw. 2000 Euro (Verheiratete). Bei Festgeldanlagen fallen Kapitaleinkünfte jährlich an, bei ETF jährlich und zusätzlich am Schluss, wenn Fondsanteile mit Gewinn verkauft werden.	Kapitalerträge bis 1000 Euro im Jahr sind dank Sparerpauschbetrag steuerfrei. Erzielen Kinder 2025 ein zu versteuerndes Jahreseinkommen von höchstens 12 096 Euro und überspringen damit nicht den steuerlichen Grundfreibetrag, können sie beim Finanzamt eine Nichtveranlagungsbescheinigung beantragen und diese bei der Bank einreichen.
BAFÖG	Von Eltern angespartes Vermögen spielt bei der Berechnung des Anspruchs auf Ausbildungsförderung (Bafög) für ein Kind keine Rolle.	Kinder mit eigenem Vermögen von mehr als 15 000 Euro müssen dieses zuerst aufbrauchen, um Bafög beanspruchen zu können.
KRANKEN-VERSICHERUNG	Die gesetzliche Krankenversicherung der Eltern, in der Kinder bis zum 25. Lebensjahr mitversichert sein können, ist nicht betroffen.	Einkünfte aus Kapitalvermögen dürfen bei Kindern 2025 maximal 618,33 pro Monat betragen, um in der gesetzlichen Krankenversicherung der Eltern mitversichert zu sein. Sonst muss sich das Kind selbst versichern.
KINDER-GELD	Das Kindergeld ist nicht betroffen.	Das Kindergeld ist nicht betroffen.
18. GEBURTS-TAG	Eltern und Verwandte können frei auswählen, wann und wie sie das Geld dem Kind zukommen lassen. Denkbar sind monatliche Teilzahlungen oder andere Modelle, die ihnen sinnvoll erscheinen.	Ab diesem Tag kann das Kind mit dem Geld machen, was es will. Es kann auch das für Ausbildung oder Führerschein gesparte Geld anderweitig ausgeben und gegebenenfalls verprassen.
GROSS-ELTERN	Großeltern, die sicherstellen wollen, dass für ein Kind gespartes Geld im Todesfall nicht an die Eltern fällt, sollten dies im Testament festlegen.	Einige Banken erlauben Großeltern, Konten und Depots zugunsten Dritter zu eröffnen. Fragen Sie bei Ihrer Bank nach, ob es diese Möglichkeit gibt.

18 Jahren weniger für sein Geld kaufen kann, als es heute für die gleiche Summe möglich wäre.

Beste Aussichten auf attraktive Renditen bieten Investments am Kapitalmarkt. Bei Aktieninvestments müssen Sie zwar immer mal mit zwischenzeitlichen Rücksetzern rechnen. Seit Beginn der 2000er-Jahre hat es gleich mehrere größere Korrekturen an den Aktienmärkten gegeben. Zur Jahrtausendwende platzte die Internetblase, 2008 die US-Immobilienblase, es folgten Finanz- und Eurokrise, Brexit, Corona, der Angriff Russlands auf die Ukraine und schließlich die Zollpolitik von US-Präsident Donald Trump. All diese Krisen haben für massive Verwerfungen und Kurseinbrüche an den Börsen gesorgt. Klingt dramatisch, aber: Über all die Krisen hinweg haben sich die Aktienmärkte positiv entwickelt.

Wenn Sie Geld für Kinder anlegen und frühzeitig starten, haben Sie 18 Jahre Zeit, Krisen auszusitzen. Und je nach geplanter Verwendung kann das angesparte Vermögen auch danach noch investiert bleiben. Ein solcher Kapitalstock ist beispielsweise eine ideale Basis für den Aufbau einer privaten Altersversorgung. Mögliche Kursschwankungen können dann über einen sehr langen Zeitraum abgefangen werden. Je nach Risikoneigung können Sie den Aktienanteil größer oder kleiner gestalten.

Einfach gut: das Pantoffel-Portfolio

Die Stiftung Warentest hat 2013 das sogenannte Pantoffel-Portfolio entwickelt. Pantoffel-Portfolio deshalb, weil es so simpel ist, dass man es bequem vom Sofa aus steuern kann. Ein Pantoffel-Depot besteht im Grunde nur aus zwei Teilen: einer Rendite- und einer Sicherheitskomponente. Je nach Geldzielen, Anlagezeitraum und Risikoneigung können Sie wählen: Wer nur einen Teil des Sparkapitals in schwankende Aktienanlagen stecken möchte, wählt eine Kombination aus Aktien-ETF und Zinsanlage – etwa mit Tagesgeld (bei monatlichem Vermögensaufbau) oder mit Festgeld (bei Einmalanlagen ab etwa 1000 Euro). Das Risiko wird über den Aktienanteil gesteuert, der je nach Risikoneigung 25 Prozent (für Sicherheitsorientierte) bis 75 Prozent (für Risikofreudige) betragen kann. Das ausgewogene Pantoffel-Portfolio mit je 50 Prozent Rendite- und 50 Prozent Sicherheitsbaustein passt für die meisten.

Im Unterschied zu Girokonten bringen Tagesgeldkonten Zinsen. Es heißt Tagesgeld, weil täglich Geld ein- und ausgezahlt werden kann (siehe Kapitel 1). Wenn Sie Geld für bestimmte Sparziele einplanen – wie etwa die Finanzierung des Führerscheins –, können Sie einen Teil der Sparsumme, also den Sicherheitsbaustein Ihres Pantoffel-Portfolios, auch auf ein Festgeldkonto legen und die Laufzeit bedarfsgerecht auswählen.

Das Geld ist vor Ablauf der vereinbarten Laufzeit nicht verfügbar, dafür sind die Zinsen auf Festgeldkonten in der Regel etwas höher als auf Tagesgeldkonten. Für Tages- und Festgeld gilt: Zinsen vergleichen und vor allem auf die Sicherheit des Anbieters achten.

Gut zu wissen: Die Stiftung Warentest bietet, wie bereits erwähnt, einen Festgeldzinsvergleich, der laufend aktualisiert wird (test.de/fest geld). Hier bekommen Sie eine Übersicht über Festgeldangebote mit Laufzeiten zwischen einem Monat und zehn Jahren und können die Angebote herausfiltern, die für Minderjährige verfügbar sind.

Breite Streuung reduziert die Anlagerisiken

Für den Renditebaustein eignen sich breit gestreute Aktieninvestments. Breite Streuung ist wichtig, um die Anlagerisiken zu reduzieren. Die Streuung bieten global investierende aktiv gemanagte Aktienfonds oder aber passive Exchange Traded Funds, besser bekannt als ETF. Per ETF partizipieren Sie kostengünstig an der Entwicklung eines Index. Da kaum ein Manager über einen langen Zeitraum bessere Ergebnisse erzielt und aktives Management aufgrund höherer Kosten einen Teil der Rendite frisst, empfehlen wir Investments in breit gestreute ETF.

Mit einem ETF auf den MSCI World Index beispielsweise sind Sie an der Entwicklung von gut 1400 Unternehmen aus 23 Industriestaaten beteiligt. Gut zu wissen: Der Index ist nach Marktkapitalisierung gewichtet. Das heißt: Die Unternehmen, die an der Börse am wertvollsten sind, haben ein entsprechend großes Gewicht im Index. Der Anteil von US-Werten liegt aufgrund der starken Kursentwicklung der US-Technologiewerte aktuell bei über 70 Prozent. Wer den Anteil der Tech-Schwergewichte geringer halten möchte, kann sogenannte gleichgewichtete ETF wählen. Der Anteil der einzelnen Unternehmen ist dann gleich hoch, und die Gewichtung wird regelmäßig angepasst.

Im MSCI World sind – trotz des irreführenden Namens – nur Unternehmen aus Industriestaaten gebündelt. Wenn Sie für den Nachwuchs breiter streuen und die schnell wachsenden Schwellenländer berücksichtigen möchten, bietet der MSCI ACWI gute Anlagechancen. ACWI steht für „All Country World Index" – in diesem Index sind gut 2500 Unternehmen aus 47 Ländern zusammengefasst. Damit werden 85 Prozent des Weltaktienmarktes abgedeckt. Neben dem Indexanbieter MSCI gibt es den britischen FTSE. Der FTSE All World umfasst gut 4200 Unternehmen weltweit und deckt sogar mehr als 90 Prozent des globalen Aktienmarktes ab.

Nachhaltig anlegen

Klimawandel, soziale Ungleichheit und korrupte Unternehmen? Nein danke! Unternehmen, die Rendite um jeden Preis erzielen, müssen Sie mit Ihren Investments nicht unterstützen. Sie können Ihre Sparraten auch so einsetzen, dass sie die Transformation der Wirtschaft hin zu Nachhaltigkeit unterstützen – und die Investments für Ihr Kind damit nachhaltig ausrichten. Für nachhaltige Investments gibt es unterschiedliche Konzepte. Die bekanntesten: ESG- sowie SRI-Investments. ESG steht für Environmental, Social und Governance – also Umwelt, Soziales und Unternehmensführung. Und SRI für Social Responsible Investing. Aus dem breiten MSCI World Index schaffen es 378 Unternehmen in den MSCI SRI. Damit ist die Risikostreuung allerdings reduziert. Ob Greenwashing, Kosten oder Anlageerfolg: Die Stiftung Warentest prüft regelmäßig auch nachhaltige Fonds und ETF, damit Sie den passenden Fonds oder ETF für den Nachwuchs finden.

Einmalanlage oder Sparplan?

Sie möchten einmalig für Ihren Nachwuchs Geld anlegen oder regelmäßig Geld zur Seite legen, um ein Vermögen aufzubauen. Interessant: Je nach finanziellen Voraussetzungen können Sie beide Anlageformen kombinieren.

Sie können einmalig Geld in einen kostengünstigen ETF investieren – oder aber regelmäßig kleine Beträge ansparen. Eine Einmalanlage bietet sich an, wenn Sie zum Beispiel zur Geburt Geldgeschenke erhalten und keine monatlichen Sparraten aufbringen können oder wollen. Bei einer Rendite von 6 Prozent p.a. können Sie die Anlagesumme über 18 Jahre nahezu verdreifachen. Wenn Sie zur Geburt 5000 Euro anlegen, stehen bei Volljährigkeit des Kindes dann 14 270 Euro zu Buche, bei investierten 10 000 Euro entsprechend 28 540 Euro. Handelskosten sind dabei noch unberücksichtigt.

Oft werden Einmalanlagen immer wieder hinausgeschoben, weil der Zeitpunkt für ein Investment vermeintlich ungünstig ist. In Extremsituationen mag das sinnvoll sein, in der Regel jedoch nicht. Je länger das Geld investiert ist, desto besser. Während sich bei Einmalanlagen im MSCI World für einjährige Investments noch erhebliche Schwankungen zwischen minus 39,1 Prozent (schlechtester Fall) und plus 66,1 Prozent (bester Fall) zeigen, reduziert sich das Verlustpotenzial ab fünf Jahren erheblich. Ab 20 Jahren zeigt sich im Mittel eine Rendite von 8,1 Prozent. Seit 1970 gab es keinen einzigen 20-Jahres-Zeitraum, in dem der MSCI World negative Renditen erzielt hätte.

Komfortabel und nervenschonend bauen Sie das Startkapital für den Nachwuchs mit einem ETF-Sparplan auf. Für diese Form der Geldanlage hat es ebenfalls seit 1970 keinen 20-Jahres-Zeitraum mit negativen Renditen im MSCI World gegeben (Stand 13.2.2025). Zwar unterlagen auch diese Investments auf kurze Sicht hohen Schwankungen – bei einjährigen Sparplänen lag die Schwankungsbreite bei minus 46,2 Prozent bis plus 79,1 Prozent. Aber ab einer Anlagedauer von 15 Jahren waren selbst im schlechtesten Fall keine gravierenden Verluste mehr zu verzeichnen (minus 2,2 Prozent). Und über 20 Jahre erzielten Sparpläne jährliche Renditen von durchschnittlich 8,2 Prozent.

Einfach per Sparplan

Ein ETF-Sparplan ist eine Art Dauerauftrag für das Depot. Damit investieren Sie monatlich, viertel- oder halbjährlich oder gar einmal im Jahr die gewünschte Sparsumme in den gewählten ETF. Je nach Kursstand des Wertpapiers gibt es mal mehr und mal weniger Anteile für das investierte Geld. Mit einem ETF-Sparplan für Kinder gibt es kein Timing-Risiko. Sie können jederzeit unabhängig vom aktuellen Börsenstand starten. Denn mit zunehmender Anlagedauer gleichen sich Kursschwankungen immer mehr aus, unter dem Strich kaufen Sie dann zu günstigen Durchschnittskursen („Cost-Average-Effekt" – Durchschnittskosten-Effekt). Wer schon gleich nach der Geburt des Kindes Geld anlegt, hat einen entsprechend langen Anlagehorizont und reduziert Risiken signifikant.

Diese automatisierte Geldanlage schont die Nerven und schafft Disziplin – Sie überlegen nicht permanent, ob Sie kaufen oder verkaufen oder die Sparrate aussetzen sollten. Zudem gibt es kein Timing-Risiko. Brechen die Kurse mal ein, bekommen Sie einfach mehr Anteile für das investierte Geld ins Depot gebucht, die bei einer Erholung umso mehr Rendite bringen. Zudem bleiben Sie flexibel. Ist das Geld bei Ihnen einmal knapp oder Ihr Kind bekommt Geldgeschenke aus der Verwandtschaft, dann können Sie den Sparplan jederzeit per Mausklick stoppen, reduzieren oder aufstocken.

Als Basisinvestment eignen sich thesaurierende Tranchen eines Welt-ETF (siehe zuvor). Thesaurierende Fonds legen – im Unterschied zu ausschüttenden Fonds – die Gewinnausschüttungen der Unternehmen wieder an. Damit können Sie am besten ein Finanzpolster aufbauen, weil Sie optimal vom Zins und Zinseszinseffekt profitieren.

Mit unserem Tool „So bauen Sie Vermögen für Ihren Nachwuchs auf" finden Sie heraus, welche ETF-Sparpläne es bei Ihrer Bank gibt. Mehr dazu unter test.de/Sparen-fuer-Kinder (kostenpflichtig).

Wenn Sie den gewünschten ETF-Sparplan für den Nachwuchs einrichten, können Sie neben dem Ausführungsintervall natürlich auch über die Höhe der Sparrate sowie den Tag der Ausführung entscheiden. Dabei bieten die Broker meist zwei oder mehrere Varianten an. Achten Sie darauf, dass stets genug Geld auf dem Verrechnungskonto liegt, sodass der Kauf ausgeführt werden kann.

Zu guter Letzt: Vergessen Sie nicht, der Bank oder dem Broker einen Freistellungsauftrag zu erteilen. Bei der Einrichtung eines Depots auf den Namen des Kindes sind neben dem Grundfreibetrag in Höhe von 12 096 Euro noch Kapitalerträge in Höhe von 1000 Euro pro Jahr steuerfrei.

Zeit ist Geld: Starten Sie jetzt!

Ihnen ist die politische Situation zu ungewiss, Sie möchten mit der Geldanlage warten, bis sich die Lage beruhigt und die Wirtschaft erholt hat? Keine gute Idee. Market-Timing – also die Suche nach einem guten Zeitpunkt für einen Einstieg – gelingt selbst Profis nicht. Wichtiger ist die „Time in the Market" – also die Zeit, in der Sie investiert sind. Denn bei der Geldanlage ist Zeit bares Geld: Je länger das Geld investiert ist, desto stärker profitieren Sie vom Zinseszinseffekt. Es ist deshalb ratsam, ganz unabhängig von der aktuellen Marktlage möglichst früh mit der Vorsorge für Kinder zu beginnen. Ab der Geburt haben Eltern, Großeltern, Tanten und Onkel dann 18 Jahre Zeit, um ein kleines Vermögen für die Kinder bis zur Volljährigkeit zusammenzusparen. Und je länger der Anlagehorizont, desto renditeträchtigere Anlageformen können Sie wählen.

Noch krasser wird die Wirkung des Zinseszinseffekts deutlich, wenn Ihr Kind den Sparplan weiterführt, um damit Vermögen für das Alter aufzubauen.

Wer 60 Jahre lang monatlich 50 Euro in einen Sparplan investiert, kann seine Rente bei einer durchschnittlichen Verzinsung von 6 Prozent anständig aufstocken. Es stünden gut 330 000 Euro zu Buche, davon 36 000 Euro eingezahlt und 294 000 Euro Gewinn vor Steuern.

Wer dagegen erst im Alter von 45 Jahren mit einem Sparplan beginnt, hat nach 15 Jahren bei 6 Prozent p. a. 14 400 Euro vor Steuern auf dem Konto. Das heißt: In der Langzeitvariante wurde das Vierfache eingezahlt – für einen 54-fachen Gewinn!

So sieht Ihr Plan aus

Bevor Sie Geld für Ihren Nachwuchs anlegen, überlegen Sie sich genau, welches Ziel Sie verfolgen – und gehen dann Schritt für Schritt vor!

Sie wissen: Vage Aussagen sind weder motivierend noch zielgerichtet. Durch eine konkrete Formulierung des Ziels geben Sie sich eine klare Richtung vor. Ein paar Beispiele: „Ich möchte die Ausbildung meines Sohnes absichern. Darum will ich jetzt, nach seiner Geburt, zwanzig Jahre lang monatlich etwas sparen." „Meine Tochter soll, wenn sie in 15 Jahren volljährig wird, den Führerschein machen können und ein Elektroauto bekommen." Formulieren Sie nun Ihr konkretes Ziel, bevor Sie starten. Und entscheiden Sie dann, ob Sie das Geld auf Ihren Namen anlegen oder auf den Namen des Kindes.

Broker wählen

Für Anlagen in Wertpapiere benötigen Sie ein Depot. Planen Sie eine Anlage im Namen des Kindes, müssen Sie für Ihr Kind ein Depot eröffnen. Viele Banken, Broker und Neobroker bieten spezielle Kinder-Depots, auch Junior-Depots genannt. Bei der Wahl des Anbieters sollten Sie vor allem auf die Depotkosten, aber auch auf die Handelskosten achten. Es gibt große Preisunterschiede, sodass sich ein Vergleich lohnt. Stiftung Warentest nimmt die Anbieter regelmäßig unter die Lupe. Im April 2025 haben wir 14 Depots für Minderjährige geprüft, über die sich ein Sparplan auf mindestens einen der von uns empfohlenen weltweit anlegen-

Zeiteffekt: Die Hälfte des Kindergelds in Aktien-ETF sparen

Früh starten lohnt. Wer ab der Geburt eines Kindes 125 Euro – also rund die Hälfte des Kindergeldes – in einen Aktien-ETF-Sparplan steckt, kann bei einer jährlichen Rendite von 6 Prozent – mit Aktien-ETF auf den MSCI World ist das durchaus möglich – zum 18. Geburtstag mehr als 47 000 Euro übergeben. Auch ein späterer Beginn lohnt, doch aufgrund der Aktienmarktschwankungen nimmt das Risiko von Aktien-ETF zu.

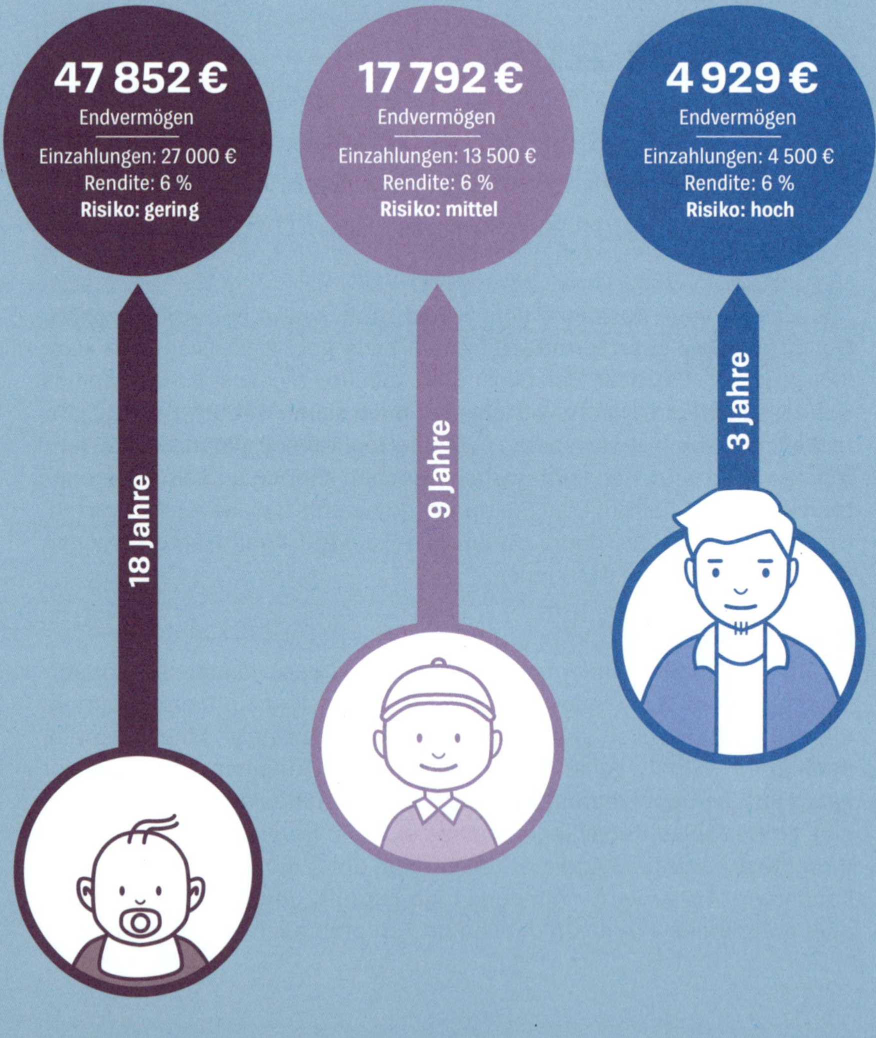

den Aktien-ETF abschließen lässt. Sieben der getesteten Broker bieten ein Kinderdepot für unter 10 Euro im Jahr; bei zwei Anbietern können Sie Ihre Sparraten ohne Handelsgebühr investieren. Unser Sparplan-Finder (test.de/Sparen-fuer-Kinder, mit Flatrate kostenfrei) zeigt, bei welchem Anbieter Sie welche ETF besparen können.

Depot eröffnen

Sind Vollmachten nötig? Nur Sorgeberechtigte können ein Depot für den Nachwuchs eröffnen. Wenn beide Elternteile sorgeberechtigt sind, dürfen beide im Namen des Kindes handeln und müssen mit der Depoteröffnung einverstanden sein. Haben Sie das alleinige Sorgerecht, müssen Sie das nachweisen, um ohne Zustimmung des zweiten Elternteils ein Depot auf den Namen des Kindes einrichten zu können. Omas, Opas, Onkel oder Tanten können nur mit der elterlichen Vollmacht ein Depot eröffnen. Die Alternative: Die Kindseltern eröffnen ein Depot auf den Namen des Kindes, und Omas, Opas und Co. zahlen Geldgeschenke oder monatliche Raten auf das zum Depot gehörende Konto ein, von dem aus es dann investiert wird.

Eine Depoteröffnung ist online möglich. Sie benötigen dazu den eigenen und den Personalausweis beziehungsweise die Geburtsurkunde des Kindes sowie dessen Steueridentifikationsnummer. Auf der Webseite der Bank finden Sie den Antrag zur Depoteröffnung, den Sie ausfüllen müssen – entweder als PDF oder direkt auf der Webseite. Wenn Sie in Aktien-ETF investieren möchten, müssen Sie je nach Anbieter die Risikoklasse vier oder fünf wählen. Falls Sie als Risikoklasse eins bis drei angeben, können Sie nur in risikoarme Anlageklassen wie Anleihen investieren.

Als Bank- oder Depotkunde müssen Sie bei Antragstellung Ihre Identität nachweisen. Das geht bei den meisten Anbietern sehr einfach über das sogenannte Videoident-Verfahren. Dafür benötigen Sie einen Computer mit Kamera und Lautsprecher. Sie müssen Ihren Personalausweis fotografieren und hochladen, die Angaben werden dann per Live-Call mit einem Bankmitarbeiter geprüft. Wer es lieber persönlich mag: Sie können auch das früher gängige Post-Ident-Verfahren nutzen. Dann gehen Sie mit Ihrem Antrag in eine Postfiliale, und Ihre Identität wird vor Ort geprüft. Bis das Depot dann freigeschaltet ist, können einige Tage vergehen.

Sparform und Sparrate festlegen

Wollen Sie einmalig Geld in einen kostengünstigen ETF investieren – oder aber regelmäßig kleine Beträge ansparen? Prüfen Sie, wie groß Ihr finanzieller Spielraum ist und wie viel Geld Sie neben der eigenen Vorsorge für Ihren Nachwuchs anlegen können. Legen Sie dann das Ausführungsintervall und die Höhe der Sparrate fest und achten Sie darauf, dass stets genug Geld auf dem Verrechnungskonto liegt, sodass der Kauf ausgeführt werden kann.

FREISTELLUNGSAUFTRAG NICHT VERGESSEN! Denken Sie daran, der Bank oder dem Broker einen Freistellungsauftrag zu erteilen. Bei der Einrichtung eines Depots auf den Namen des Kindes sind neben dem Grundfreibetrag in Höhe von 12 096 Euro noch Kapitalerträge in Höhe von 1 000 Euro pro Jahr und Person steuerfrei (Sparerfreibetrag).

Mein Ziel: Die Rentenlücke schließen

Die gesetzliche Rente reicht für einen auskömmlichen Ruhestand nicht mehr aus. Betriebsrente, private Rentenversicherungen und vermögenswirksame Leistungen können die Rentenlücke verkleinern. Wir empfehlen zudem als private Zusatzvorsorge unser Pantoffel-Portfolio.

Über die gesetzliche Rente wurde im vergangenen Bundestagswahlkampf viel diskutiert. Geändert hat sich wenig. Aber wer rechnen kann, weiß: Angesichts der demografischen Entwicklung wird die Rente künftig nicht üppiger ausfallen. Schon heute liegt die Rente eines Durchschnittsverdieners nach 45 Beitragsjahren bei 48 Prozent des dann gültigen Durchschnittseinkommens. Diese sogenannte Standardrente liegt im Jahr 2025 bei etwa 1835 Euro brutto im Monat. Und künftig werden immer weniger Beitragszahler für immer mehr Rentner aufkommen müssen. Weil die gesetzliche Rente für ein auskömmliches Leben im Alter nicht mehr ausreicht, müssen Sie entsprechend zusätzlich privat vorsorgen, damit Sie im Ruhestand finanziell abgesichert sind. Je eher Sie damit beginnen, umso besser. Denn bei langfristigen Ansparvorgängen ist Zeit bares Geld. Sie profitieren nämlich vom Zinseszins – dem „achten Weltwunder", wie ihn Albert Einstein nannte.

Klären Sie Ihr Vorsorgeziel

Wir alle wünschen uns, nach dem Eintritt in die Rentenphase unseren Lebensstandard annähernd halten zu können. Aber die gesetzliche Rente allein reicht dafür nicht aus. Doch wie viel brauchen Sie zusätzlich?

Dafür müssen Sie Ihr Vorsorgeziel klären und Ihre Rentenlücke ermitteln. Die Rentenlücke ist die Differenz zwischen der Summe aus Ihrer gesetzlichen Rente plus etwaigen Zusatzversorgungen und Ihrem voraussichtlichen Finanzbedarf im Alter. Damit Sie sich im Rentenalter finanziell nicht stark einschränken müssen, sollten Sie diese Lücke durch private Vorsorge schließen. Dafür gibt es verschiedene Optionen. Eine einfache und flexible Möglichkeit ist unser Pantoffel-Portfolio (ab S. 80). Es bietet für jeden Anlagetyp die passende Mischung – mehr dazu im Folgenden.

Für welche Möglichkeit der Altersvorsorge Sie sich auch entschließen: In einem ersten Schritt gilt es, vom allgemeinen zu einem spezifischen Ziel zu kommen. Dazu müssen Sie klären, wie viel Geld Sie neben Ihrer staatlichen Rente voraussichtlich brauchen werden, um Ihren gewohnten Lebensstandard zu halten.

So gehen Sie vor: Rentenlücke berechnen

Mit wie viel Rente Sie persönlich rechnen können, entnehmen Sie Ihrer Renteninformation. Wenn Sie mindestens fünf Jahre rentenversicherungspflichtig gearbeitet haben, erhalten Sie ab dem 28. Lebensjahr eine Rentenauskunft von der Deutschen Rentenversicherung. Darin steht, ab wann Sie die Regelaltersrente erhalten und wie hoch sie ausfallen wird, wenn Sie bis dahin Einzahlungen im Schnitt der vergangenen fünf Jahre leisten.

Leider kann bei der Lektüre der Renteninformation rasch schlechte Laune aufkommen. Denn sie zeigt schwarz auf weiß: Allein mit der gesetzlichen Rente werden Sie Ihren Lebensstandard im Alter nicht halten können.

Vielleicht haben Sie neben Ihrer gesetzlichen Rente bereits zusätzliche Einkünfte? Eventuell haben Sie Anspruch auf eine Betriebsrente oder zum Beispiel einen Riester-Vertrag? Dann addieren Sie die entsprechenden Beträge aus den jährlichen Standinformationen zu Ihrer gesetzlichen Rente.

Der Summe der voraussichtlichen Einkünfte im Alter stellen Sie dann Ihren voraussichtlichen Bedarf gegenüber. Da Sie auch im Rentenalter Ihr gewohntes Leben weiterführen wollen, gehen Sie dazu von Ihrem aktuellen Nettolohn aus. Beachten Sie dabei: Die Diskrepanz zwischen aktuellem Lohn und voraussichtlicher Rente hängt zum Teil vom Alter und vom Familienstand ab. Bei Jüngeren und Verheirateten ist sie tendenziell größer als bei Singles und Menschen kurz vor der Rente. Denn im Alter ist meist die finanzielle Unterstützung der Kinder nicht mehr nötig. Ausgaben für Auto und kurze Urlaubstrips nehmen ab. Die Wohnungseinrichtung ist vorhanden und die Immobilie womöglich abbezahlt. Wir gehen entsprechend davon aus, dass Rentner im Durchschnitt mit 80 Prozent des letzten Nettolohns auskommen können.

Um eine vorläufige Grundlage für Ihre weiteren Überlegungen zu erhalten, sollten Sie also den Unterschied zwischen 80 Prozent Ihres Nettolohns und der Summe Ihrer bisherigen Altersbezüge (gesetzliche Rente plus eventuelle bereits vorhandene weitere Vorsorge) errechnen. Das ist die Renten- und Versorgungslücke, die es zu füllen gilt.

Zusatzversorgungen berücksichtigen

Der Abstand zwischen dem Nettolohn und der voraussichtlichen Rente fällt groß aus. Viele Arbeitnehmer profitieren jedoch von der staatlich oder vom Arbeitgeber geförderten Altersvorsorge. Auch durch private Rentenversicherungen und vermögenswirksame Leistungen kann sich die Rentenlücke verkleinern.

Neben der gesetzlichen Rente haben einige Menschen zusätzliche Anwartschaften auf Rentenzahlungen. Viele Arbeitnehmer können zum Beispiel auf eine Betriebsrente zählen. Bei traditionellen Betriebsrenten zahlte in der Regel der Arbeitgeber für den Arbeitnehmer in eine Vorsorgekasse ein. In den vergangenen Jahrzehnten bedienen die meisten Arbeitnehmer selbst die Verträge im Zuge der Gehaltsumwandlung. Darauf gibt es inzwischen einen gesetzlichen Anspruch. In Pensionskassen, Pensionsfonds und Direktversicherungen dürfen bis zu 4 Prozent der jährlichen Beitragsbemessungsgrenze der gesetzlichen Rentenversicherung (West) steuer- und sozialabgabenfrei gespart werden. Aktuell (Stand 2025) sind das 3864 Euro im Jahr oder 322 Euro im Monat. Für weitere 4 Prozent entfallen nur die Steuern. 15 Prozent muss der Arbeitgeber laut Gesetz mindestens bei der Entgeltumwandlung zuschießen. Richtig lohnenswert ist die Entgeltumwandlung aber erst dann, wenn der Arbeitgeber einen noch größeren Teil bezahlt. Denn Renten aus der betrieblichen Altersvorsorge müssen komplett versteuert werden. Außerdem wird für die Rente, die über dem Freibetrag von 187,25 Euro (Stand 2025) liegt, der volle Satz bei den Sozialabgaben fällig.

Riester-Produkte

Gut 16 Millionen Riester-Verträge wurden in Deutschland seit 2002 abgeschlossen. Aktuell werden jedoch nur knapp zehn Millionen davon bespart. Das hat Gründe: Denn die Verträge erwiesen sich nur als lohnend, wenn bei Geringverdienern der Staat einen hohen Anteil der Beiträge zahlte. Einige Riester-Verträge sind inzwischen schon in der Rentenphase angekommen. Dabei zeigt sich, dass die Renditen und die Auszahlungssummen eher mickrig ausfallen.

Insbesondere bei Riester-Geldsparplänen und bei Riester-Rentenversicherungen entspricht das Kapital, das verrentet wird, kaum mehr als dem eingezahlten und gesetzlich garantierten Kapital. Entsprechend gering sind die Renten. Nur wer annähernd 20 Jahre nahe dem Maximum von 2100 Euro pro Jahr eingezahlt hat, kann mit dreistelligen Auszahlungen rechnen. Bei Riester-Fondssparplänen sieht die Bilanz etwas besser aus. So oder so: Jeder Euro Riester-Rente mindert die Rentenlücke.

Private Rentenversicherungen

Klassische private Rentenversicherungen mit garantiertem Zins auf den Sparbeitrag gehören zu den meistverkauften Vorsorgeprodukten in Deutschland. Sie bringen keine hohen Renditen, aber eine lebenslange Rente. Obendrein sind sie bequem: Ist der Vertrag einmal abgeschlossen, muss sich der Kunde nicht mehr darum kümmern. Der Versicherer legt das Geld des Kunden an.

Für ab 2025 neu abgeschlossene Verträge dürfen die Versicherer maximal eine jährliche Verzinsung von 1 Prozent garantieren. Diese Garantie bezieht sich aber nur auf den Sparbeitrag. Kosten bei den Versicherern mindern die Rendite. Wir haben im Mai 2025 diese Versicherungen getestet. Musterkunden erhielten nach 30 Jahren mit 200 Euro monatlicher Einzahlung eine garantierte Rente zwischen 200 und 240 Euro, die durch Gewinnbeteiligungen noch steigen kann. Zahlen die Versicherer am Ende nicht mehr als die garantierte Rente aus, müssen die Kunden selbst bei den besten Tarifen über 90 Jahre alt werden, um ihre Einzahlungen herauszubekommen.

Vermögenswirksame Leistungen

Viele Arbeitnehmerinnen und Arbeitnehmer haben Anspruch auf vermögenswirksame Leistungen (VL). Arbeitgeber zahlen dabei bis zu 40 Euro im Monat auf einen VL-Vertrag ein. Sparer können sich zwischen Banksparplänen oder Bausparverträgen entscheiden. Die Ansparzeit dauert sechs Jahre, anschließend folgt bis zu einem Jahr Wartezeit. Die Höhe der VL-Leistungen des Arbeitgebers ist nicht festgelegt, aber der maximale Betrag liegt bei 40 Euro brutto pro Monat. Über die sechs Jahre erhalten Sie also maximal 2 880 Euro als Geschenk Ihres Arbeitgebers. Nach Ablauf des VL-Planes können Sie Ihr Vermögen auf ein eigenes Depot übertragen und mit einem neuen Sparplan beginnen. Bei 480 Euro Arbeitgeberzuschuss pro Jahr lässt sich über die Jahrzehnte ein ordentliches Zusatzvermögen aufbauen – vor allem wenn Sie auf besonders renditeträchtige ETF-Sparpläne setzen. Die Stiftung Warentest untersucht regelmäßig VL-Sparpläne. Die kostengünstigsten und breitesten Angebote stammen von Direktbanken.

Zielsumme definieren und Inflation bedenken

Natürlich lässt sich heute noch nicht voraussagen, wie groß die Rentenlücke wirklich ausfallen wird. Das hängt von den Unwägbarkeiten des Lebens und Ihrer persönlichen Berufskarriere ab, aber auch von der Entwicklung der gesetzlichen Rentenkassen und der Kapitalmärkte. Zudem müssen Sie die Wirkung der Inflation einberechnen. 1000 Euro von heute sind in 30 Jahren längst nicht mehr so viel wert. Sie haben bei einer Inflationsrate von 2 Prozent pro Jahr nur noch eine Kaufkraft von 550 Euro. Wenn die Inflationsrate bei 3 Prozent liegt, sinkt die Kaufkraft sogar auf nur noch 412 Euro

Beispiel: Frau Mustermann ist heute 37 Jahre alt und arbeitet in einem krisensicheren Job bei einer Versicherung. Neben der gesetzlichen Rente kann sie eine überdurchschnittliche Betriebsrente erwarten. Zudem zahlt sie seit zehn Jahren in einen Riester-Vertrag ein und nutzt auch die Möglichkeiten der vermögenswirksamen Leistungen. Ihr Gehalt wird hochgerechnet vor Eintritt in die Rente bei 3600 Euro netto liegen. 80 Prozent davon entsprechen 2880 Euro. Als Nettorente kann sie rund 1730 Euro erwarten. Dazu kommen 700 Euro aus den zusätzlichen Verträgen. Die Rentenlücke liegt damit bei 450 Euro. Zu bedenken ist allerdings die Wirkung der Inflation. Um in 30 Jahren die Kaufkraft von heutigen 450 Euro zu haben, berechnet Frau Mustermann die durchschnittliche Inflationsrate der vergangenen 30 Jahren von rund 1,7 Prozent ein und muss daher rund 800 Euro Rentenlücke abdecken. Nach einer groben Faustregel kann man im Rentenalter 4 Prozent eines gegebenen Sparvermögens pro Jahr ausgeben, ohne in Gefahr zu geraten, dass das Geld ausgeht. Um 800 Euro pro Monat und damit 9600 Euro pro Jahr entnehmen zu können, bräuchte Frau Mustermann ein Kapital von 240 000 Euro. Das ist bei 30 Jahren Ansparzeit mitunter mit 200 Euro pro Monat möglich.

Einfach Vermögen aufbauen mit dem Pantoffel-Portfolio

Ein Aktien-ETF und Tagesgeld: Mehr als diesen Risiko- und Sicherheitsbaustein braucht es nicht für das Pantoffel-Portfolio der Stiftung Warentest. Sie können außerdem selbst zwischen drei Varianten entscheiden, wie viel Risiko Sie eingehen möchten.

240 000 Euro hören sich nach sehr viel an. Aber unsere Frau Mustermann hat noch Zeit und kann vom Zinseszins profitieren. Die zusätzliche Kapitalvorsorge sollte möglichst einfach und effizient sein. Deshalb hat die Stiftung Warentest im Jahr 2013 das sogenannte Pantoffel-Portfolio entwickelt. Es heißt so, weil es so bequem wie ein Pantoffel ist. Das Pantoffel-Portfolio ist ein Anlagekonzept, das Anlegerinnen und Anleger in ihrem ganzen Leben nutzen können, ob per Sparplan mit 50 Euro monatlich oder nach einer Abfindung oder Erbschaft mit 50 000 Euro auf einen Schlag.

Das Pantoffel-Portfolio besteht aus einem Rendite- und einem Sicherheitsbaustein. Die einfachste Version des Pantoffel-Portfolios hat als ersten Baustein einen ETF auf den MSCI World Index und als zweiten Baustein ein Tagesgeldkonto. Je nach Lebenssituation und Risikobereitschaft können Sie die Bausteine unterschiedlich mischen.

Der Renditebaustein

Der MSCI World Index ist der populärste Weltaktienindex. Er umfasst rund 1400 Aktien aus 23 Industrieländern und deckt über 80 Prozent des weltweiten Börsenwertes ab.

Der MSCI World Index ist nach Marktkapitalisierung gewichtet. Das heißt: Die wertvollsten Unternehmen wie die amerikanischen Magnificent Seven (Apple, Amazon, Alphabet, Meta, Microsoft, Nvidia und Tesla) sind mit insgesamt fast 20 Prozent und die USA als Land mit aktuell rund 70 Prozent dominierend. Entsprechende ETF auf den Index bieten zahlreiche ETF-Emittenten an. Es gibt sowohl klassische als auch nach nachhaltigen Kriterien ausgerichtete ETF-Versionen.

Zudem sind ausschüttende und thesaurierende ETF im Angebot. Wir empfehlen zum Vermögensaufbau die thesaurierende Version, weil die wiederangelegten Ausschüttungen für höhere Ablaufergebnisse sorgen.

Eine Alternative für den Index MSCI World ist der des MSCI All Country World (MSCI ACWI). Hier sind neben den Aktien aus der industrialisierten Welt auch Aktien aus den 24 größten Emerging Markets wie China, Indien und Südkorea mit insgesamt circa 10 Prozent vertreten. Auch andere breit und global anlegende ETF sind als Beimischung beim Renditebaustein möglich. Dazu gehören etwa ETF, die auf besonders dividendenstarke Aktien setzen. Im vergangenen Jahrzehnt blieben sie aber deutlich hinter dem MSCI World Index zurück

Der Sicherheitsbaustein

Der zweite Baustein für das Pantoffel-Portfolio ist der sogenannte Sicherheitsbaustein. In der Regel ist das ein Tagesgeldkonto. Auf einem Tagesgeldkonto (siehe Kapitel 1) können Sie jederzeit Einzahlungen und Auszahlungen vornehmen.

Bei guten Tagesgeldkonten liegen die Zinsen nahe dem Einlagezinssatz der Europäischen Zentralbank. Allerdings lag dieser zwischenzeitlich unter null. Entsprechend notierten auch die Zinsen auf Tagesgeldkonten nahe oder bei null. Bei großen Summen mussten Anlegerinnen und Anleger mitunter sogar Strafzinsen beziehungsweise „Verwahrungsgebühren" bezahlen. Diese Zeiten sind aber inzwischen vorbei. Seit 2022 stiegen die Zinsen auf den besten Tagesgeldkonten auf zwischenzeitlich bis zu 4 Prozent an. Zuletzt gaben sie bis Mitte 2025 wieder auf rund 2 Prozent nach.

Einen Teil des Geldes können Sie auch auf Festgeldkonten parken, wenn dort die Zinsen deutlich attraktiver als im Tagesgeld sind.

Möglich ist auch ein Geldmarkt-ETF, der in sichere europäische Staatsanleihen mit extrem kurzen Laufzeiten investiert (siehe Kapitel 3), oder Rentenfonds auf Staats- und Unternehmensanleihen in Euro.

Drei Varianten für jeden Risikotyp

Ihre persönliche Mischung aus Rendite- und Sicherheitsbaustein hängt von Ihrer Risikotragfähigkeit, Ihrem Lebensalter und Ihren Renditeerwartungen ab.

Natürlich können Sie auch allein auf Tagesgeld oder Aktien-ETF setzen. Bei der ausschließlichen Konzentration auf Tagesgeldanlagen verschenken Anlegerinnen und Anleger jedoch die langfristigen Renditechancen. Real, also nach Abzug von Inflation und Steuern, machen sie damit meist ein Minusgeschäft.

Reine Aktieninvestments dagegen sind bei langfristiger Betrachtung sehr renditestark. Allerdings müssen Anlegende dabei mit zwischenzeitlich sehr starken Schwankungen umgehen können. Wer in solchen Phasen die Nerven verliert und vorzeitig mit Verlusten verkauft, macht sich die Renditebilanz kaputt. Die Stiftung Warentest empfiehlt daher Anlegerinnen und Anlegern, je nach Alter und Risikoneigung eines der drei gemischten Pantoffel-Portfolios zu wählen: die defensive, die ausgewogene oder die offensive Variante.

1. Für Vorsichtige: Die defensive Variante

Börsenwerte schwanken mitunter stark. Das macht sich besonders stark bei Einzelaktien bemerkbar. Aber auch Weltaktienindizes unterliegen Zyklen, Anlagemoden und dem Wechsel zwischen Gier und Angst der Börsianer. Auch Pantoffel-Portfolios unterliegen deshalb den Schwankungen der Börsen. Je höher dabei der Aktienanteil im Pantoffel ist, desto stärker fallen auch die Aufs und Abs aus. Es kann also auch Jahre geben, die mit Verlust für das Pantoffel-Portfolio enden. Wenn Sie das schwierig finden und die Schwankungen bei Ihrer Geldanlage möglichst gering halten möchten, ist die defensive Pantoffel-Variante mit einem Aktienanteil von nur 25 Prozent am besten geeignet. Auch Sparer kurz vor der Rente und Entnahmephase, bei denen starke Verluste am Aktienmarkt nur noch schwer aufzuholen wären, schwenken manchmal auf die defensive Variante um. 75 Prozent des Geldes fließen beim Pantoffel für Vorsichtige in sichere Zinsanlagen. Das bringt Stabilität, schließt aber zwischenzeitlich rote Zahlen nicht ganz aus.

2. Für die meisten geeignet: Die ausgewogene Variante

Die Stiftung Warentest hält für die meisten Anlegerinnen und Anleger das ausgewogene Portfolio für besonders gut geeignet. Dieses Portfolio besteht jeweils zur Hälfte aus Aktien-ETF und Zinsprodukten. Eine solche Mischung mischt das Beste aus den beiden Anlagewelten zu gleichen Teilen. Zwar wird der ausgewogene Pantoffel bei heftigen Börsenkorrekturen getroffen und kann daher in einem besonders schlechten Aktienjahr durchaus auch einmal zweistellig ins Minus rutschen. Das sollten Anlegerinnen und Anleger aushalten können. Allerdings sind solche Ausreißer selten und wurden in der Vergangenheit relativ schnell wieder aufgeholt, zumal seit dem Jahr 2023 auch wieder Zinsen in einem geringen Maße zur Rendite des Gesamtportfolios beitragen. Auf mittlere und lange Sicht bietet der 50-Prozent-Aktien-Anteil ansehnliche Renditechancen bei erträglichen Schwankungen.

3. Für Risikofreudige: Die offensive Variante

Mit Aktienfonds lassen sich langfristig deutlich höhere Renditen erzielen als allein mit Tagesgeld oder Festgeld. Auf dem Weltaktienmarkt waren in den vergangenen Jahrzehnten im Schnitt Renditen zwischen 7 Prozent und 8 Prozent pro Jahr möglich. Mit dem offensiven Pantoffel-Portfolio setzen Anlegende vor allem auf Aktien: Der Anteil an Aktien-ETF im Portfolio beträgt 75 Prozent. Nur 25 Prozent des Geldes fließen in sicherheitsorientierte Zinsanlagen. Der Pantoffel für Risikobereite eignet sich besonders gut für noch jüngere Anlegerinnen und Anleger. Sie haben bis zum Rentenbeginn noch Jahrzehnte vor sich. Deshalb können sie temporäre Schwankungen an den Aktienmärkten aussitzen und in schlechten Börsenzeiten im Sparplan sogar mehr ETF bei konstanter Einzahlung ansammeln.

So hat sich ein Sparplan im Pantoffel-Portfolio entwickelt

Über lange Zeiträume haben sich Sparpläne in Pantoffel-Portfolios hervorragend bewährt. Hier macht sich vor allem die Langzeitentwicklung an den Kapitalmärkten bemerkbar. In den ersten 15 Jahren bis 2010 gab es noch reichlich Zinsen. Deshalb entwickelte sich die Sicherheitskomponente recht gut, während Aktien-ETF zwei heftige Krisen mit dem Platzen der Dotcom-Blase nach der Jahrtausendwende und mit der Finanzkrise 2007/2008 verkraften mussten. Danach jedoch wendete sich das

Die Mischung macht's: Sie haben die Wahl

Wer vor 30 Jahren 100 000 Euro alleine in Aktien-ETF gesteckt hätte, dürfte sich heute über ein Vermögen von mehr als 1 100 000 Euro freuen. Allerdings war das kein leichter Weg. Zwischenzeitlich sind die Börsen um mehr als 50 Prozent eingebrochen, und nach der Finanzkrise 2007 mussten Anlegerinnen und Anleger immerhin 13,4 Jahre warten, bis sie wieder in die Gewinnzone kamen. Der Sicherheitsbaustein im Pantoffel-Portfolio hat die Rückschläge abgefedert. Finden Sie heraus, welche Mischung für Sie und Ihre Nerven die passende ist.

Welche Erträge streben Sie an?					
Durchschnittsrendite (p.a.)	3,7	5,4	6,8	7,8	8,5
Endvermögen (Euro)	299 300	480 900	714 500	946 800	1 142 400
Wie viel Risiko halten Sie aus?					
Schlechteste Jahresrendite (in %)	−17,3	−15,9	−17,0	−28,8	−39,4
Maximaler Verlust (in %)	−20,0	−16,0	−23,0	−40,0	−56,0
Längste Verlustphase (in Jahren)	4,3	2,8	4,8	6,7	13,4
Dann ist dies hier die richtige Mischung					
	Renten-ETF Euro	Defensiver Pantoffel	Ausgewogener Pantoffel	Offensiver Pantoffel	Aktien-ETF

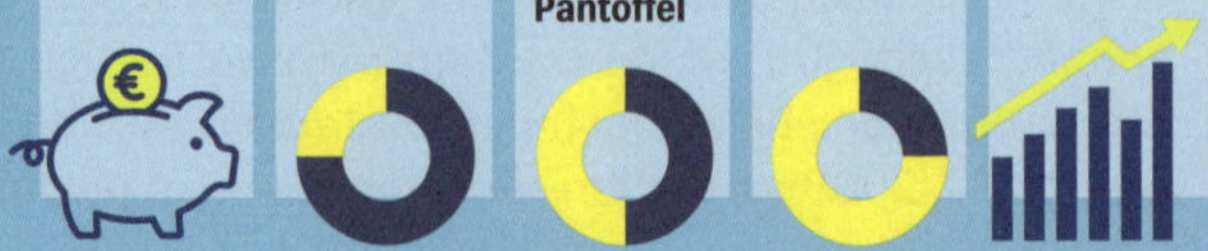

Blatt. Mit Aktien ging es in den vergangenen 15 Jahren nahezu kontinuierlich bergauf, während die Zinsen gen null schmolzen. Die aktienlastigen Sparpläne profitieren auch vom Ausstiegszeitpunkt. Mitte 2025 befanden sich die meisten Börsen der Welt nahe an ihren Allzeithochs.

Schauen wir nun auf unsere drei Varianten – und welche Erträge sie bringen können:

Beispiel für Variante 1 Besser als ein reiner Sparplan im Tagesgeld schneidet das defensive Pantoffel-Portfolio ab. Durch die Beimischung von nur 25 Prozent Aktien beläuft sich die Rendite auf immerhin 4,1 Prozent pro Jahr. Zudem ist die defensive Variante sehr konstant und die einzige, die über zehn Jahre niemals negative Renditen erzielte. Allerdings rutschte die Performance in den vergangenen Jahren wegen der schwachen Zinsmärkte ab. Über die letzten zehn Jahre lag sie nur noch bei mageren 2,6 Prozent. Insgesamt jedoch konnten die Anlegenden ihr eingesetztes Kapital von 72 000 Euro (30 Jahre à 200 Euro monatlich) vor Steuern und Inflation auf rund 147 000 Euro mehr als verdoppeln.

Beispiel für Variante 2 Die ausgewogene Variante schaffte es mit einer Ablaufsumme von rund 197 000 Euro fast, die 200 000-Euro-Marke zu durchbrechen. Besonders beeindruckend war die Konstanz, die diese Variante für fast alle Anlegerinnen und Anleger empfehlenswert macht: Über alle Laufzeiten ab fünf Jahren lag die Rendite zwischen 5,5 und 6,5 Prozent pro Jahr. Selbst wenn Anlegende den absolut schwächsten Zehnjahreszeitraum erwischt haben, lagen sie nur minimal im Minus. Unter Rendite-Risiko-Gesichtspunkten erwies sich der ausgewogene Pantoffel damit für durchschnittlich risikoaffine Anleger und Anlegerinnen als Empfehlung.

Beispiel für Variante 3 Mehr Risk, aber auch mehr Performance-Fun hatten die offensiv ausgerichteten Sparerinnen und Sparer. Sie profitierten davon, dass ihre Sparkonten nach der Jahrtausendwende und nach der Finanzkrise noch nicht so stark gefüllt waren. So sammelten sie in diesen schwachen Jahren umso mehr Aktien-ETF ein. Danach peppten die nahezu kontinuierlich zulegenden Weltmärkte die Performance aus. Trotz zwischenzeitlicher Rückschläge von fast 28 Prozent im schwächsten Anlagejahr hatten sie per Ende Mai 2025 bei durchschnittlich 7,4 Prozent Rendite ein Vermögen von rund 251 000 Euro auf dem Konto. Es zeigt sich: Mit dem offensiven Portfolio hätten 200 Euro Sparrate ausgereicht, um die Rentenlücke von Frau Mustermann zu decken.

Basis-Pantoffel; Stand: 30. April 2025 Quellen: LSEG, eigene Berechnungen

Den Pantoffel-Plan umsetzen

Der Weg zu Ihrem individuellen Pantoffel-Portfolio ist einfach: Bauen Sie es in fünf Schritten auf.

Das Pantoffel-Portfolio ist erste Wahl, um mit einem langfristigen Sparplan die Rentenlücke zu schließen. Wenn Sie frühzeitig anfangen und Ihre Einzahlungen mit steigendem Einkommen anheben, kommen Sie unter Umständen noch früher ans Ziel. Fünf einfache Schritte genügen.

Schritt 1 – Pantoffel-Typ bestimmen

Überlegen Sie zunächst, wie Sie Ihr Depot aufstellen wollen. Wenn Sie sehr vorsichtig sind, passt wohl das defensive Portfolio mit 25 Prozent Aktien und 75 Prozent Zinsanlagen am besten. Sie können auch unserer Standardempfehlung folgen und das ausgewogene Portfolio mit 50 Prozent Aktien und 50 Prozent Zinsanlagen wählen. Für Risikofreudige und Junge mit noch langer Ansparzeit bietet sich der offensive Pantoffel mit 75 Prozent Aktienanteil an.

Schritt 2 – Sparrate festlegen

Im nächsten Schritt legen Sie Ihren monatlichen Sparbeitrag fest und teilen ihn auf: Beim offensiven Portfolio zahlen Sie 75 Prozent in den Aktien-ETF, 25 Prozent fließen in den Sicherheitsbaustein – bei 200 Euro monatlich etwa 150 Euro in den Aktien-ETF und 50 Euro aufs Tagesgeld. Wenn Sie anfangs nur wenig Geld zur Verfügung haben, können Sie auch pro Quartal sparen. Denken Sie daran, nach Möglichkeit Ihre Sparraten schnell aufzustocken.

Schritt 3 – Depotanbieter wählen und Risikobaustein starten

Suchen Sie ein Finanzinstitut, das kostengünstige ETF-Sparpläne anbietet. Nicht alle Banken bieten überhaupt ETF-Sparpläne an. Manche stellen für Sparpläne nur eine kleine Auswahl von ETF zur Verfügung. Wer einen ETF-Sparplan einrichten will, sollte daher sichergehen, dass der Anbieter seiner Wahl seinen Wunsch-ETF auch anbietet. Auch die Sparplankosten unterscheiden sich. Manche Banken sind günstiger für kleine Beträge, andere bieten bessere Konditionen für größere. Die jeweils günstigen Angebote finden Sie auf der Website der Stiftung Warentest unter test.de/etf-sparplan.

Schritt 4 – Den Sicherheitsbaustein anlegen

Der zweite Teil der Sparrate fließt auf ein Tagesgeldkonto oder wahlweise in einen Geldmarkt-ETF. Auf dem Tagesgeldkonto unterliegt das Geld keinen Schwankungen. Aber um immer ein sehr gutes Zinsangebot zu bekommen, muss man öfter die Bank wechseln. Bequemer ist ein Geldmarkt-ETF auf Eurobasis (siehe Kapitel 3). Um regelmäßig Geld aufs Tagesgeld zu überweisen, richtet man praktischerweise einen Dauerauftrag vom Girokonto ein. Für den Geldmarkt-ETF legen Sie einen entsprechenden ETF-Sparplan an. Idealerweise sollte er beim gleichen Institut wie der Aktien-ETF angesiedelt sein. Aber Vorsicht: Bei Geldmarkt-ETF mit ihren geringen Renditen wirken sich Kostenbelastungen besonders stark aus.

Schritt 5 – Das Pantoffel-Portfolio im Blick behalten und anpassen

Beide Bausteine des Portfolios sollten in der Gewichtung konstant bleiben und ihrem gewählten Pantoffel-Typ entsprechen. Wenn die aktuellen Quoten im Portfolio um mehr als 10 Prozentpunkte von den gewünschten abweichen (zum Beispiel Aktien im ausgewogenen Pantoffel über 60 Prozent liegen), sollten Sie handeln. Dann können Sie Ihren ETF-Sparplan stoppen und die gesamte Monatsrate so lange ins Tagesgeld, lenken, bis die Aufteilung wieder stimmt. Besonders Eilige schichten direkt um. Sind etwa Aktien stark gestiegen, dann verkaufen Sie Anteile des Aktien-ETF und legen den Erlös in die Zinsanlagen. So ist das Gleichgewicht im Depot schnell wiederhergestellt. Allerdings fallen für die Verkäufe und Neukäufe von ETF-Anteilen Kosten an. Wir raten, einmal im Jahr zu schauen, ob eine Anpassung nötig ist – und immer dann, wenn es an den Börsen besonders turbulent zugeht.

07

Ich will eine Immobilie kaufen oder bauen

Kaufpreise und Kreditzinsen im Wandel

Knapp 80 Prozent der Deutschen wünschen sich laut Studien Immobilienbesitz – auch als Teil der Altersvorsorge. Die Finanzierungskosten schrecken aber viele ab. Wie Sie dennoch an Ihre Wunschimmobilie kommen und was Sie bei der Finanzierung beachten sollten.

Lange Jahre war das Interesse an Immobilien in Deutschland stabil, und auch die Preise bewegten sich kaum vom Fleck. Das änderte sich, als die Notenbanken nach der Finanzkrise die Zinsen nach unten schraubten, um die Konjunktur zu stärken. Plötzlich konnten sich viele Menschen eine eigene Wohnung oder ein Haus leisten. Denn bei Hypothekenzinsen von zeitweise unter 1 Prozent bei zehnjähriger Zinsbindung war Kaufen plötzlich oft billiger als Mieten. Aufgrund der hohen Nachfrage schossen die Immobilienpreise nach oben – um 50 bis 70 Prozent im Schnitt und in Großstädten und beliebten Wohnlagen noch einmal deutlich mehr. Aber mit der Zinswende 2022 mussten viele dann ihren Traum vom Eigenheim auf Eis legen. Denn binnen weniger Monate hatten sich die Zinssätze für Immobilienkredite mehr als verdreifacht. Normalverdiener konnten die eigenen vier Wände nicht mehr finanzieren.

Inzwischen hat sich die Lage leicht entspannt. Wohnungen und Häuser kosten heute vielerorts weniger als im Jahr 2022, und die Zinsen haben sich auf dem neuen Level stabilisiert. Gleichzeitig sind die Löhne zuletzt deutlich gestiegen und geben Immobiliensuchenden einen größeren finanziellen Spielraum. Und schließlich haben auch die Mieten so kräftig angezogen, dass sich eine neue Kalkulation lohnt. Wer den Immobilienkauf gut vorbereitet und über ausreichend Eigenkapital verfügt, kann neu kalkulieren, ob sich der Traum vom Eigenheim realisieren lässt.

Die wichtigsten Elemente einer Immobilienfinanzierung sind das Eigenkapital, der Kredit und die Zinsbindung. Sie müssen analysieren, zu welchem Zeitpunkt Sie wie viel Eigenkapital aufbringen können, welche Monatsrate Sie maximal für Zins und Tilgung aufbringen und welche Zinsbindungszeit Sie anstreben. Wichtig ist auch Ihr Zeithorizont: Wann möchten Sie idealerweise in Ihr Immobilieneigentum einziehen? Wann soll es spätestens so weit sein? Aus diesen Parametern können Sie Ihr konkretes Ziel definieren. Mit unserem Rechner lässt sich ermitteln, wie viel Kredit Sie bei gegebenem Eigenkapital und Einkommen für Ihr Haus aufnehmen können und wie viel Ihr Haus oder Ihre Wohnung danach höchstens kosten darf (test.de/eigenheim-rechner, kostenpflichtig).

Eigenkapital als Schlüssel zur Finanzierung

Je mehr Eigenkapital, desto einfacher wird die Finanzierung. Denn mit viel Eigenkapital bessern sich die Kreditkonditionen, und gleichzeitig fallen die Raten niedriger aus oder die Tilgung des Kredits kann schneller erfolgen.

Ohne Eigenkapital ist eine Finanzierung schwierig oder nur zu sehr hohen Zinssätzen möglich. Deshalb steht vor dem Kauf zunächst der Kapitalaufbau. Dafür eignen sich Tages- und Festgeldkonten oder bei längeren Ansparvorgängen die Pantoffel-Portfolios der Stiftung Warentest. Kurz vor der Immobiliensuche sollten Sie prüfen, wie Sie Ihr Eigenkapital noch aufpeppen können; möglicherweise durch Beleihungen von Versicherungen, Eigenleistung oder einen Zuschuss der Eltern. Auch staatliche Förderprogramme können bei der Finanzierung hilfreich sein. In der heißen Phase vor dem Kauf sollten Sie sich verschiedene Finanzierungsangebote einholen und darauf achten, dass die Zinsfestschreibung ausreichend lang und die Tilgungsrate ausreichend hoch ausfällt. Grundsätzlich gilt: Je mehr Eigenkapital Sie in die Finanzierung einbringen können, desto besser. Wir empfehlen Eigenkapital von mindestens 20 Prozent der Kaufkosten, also des Kaufpreises plus der Kaufnebenkosten. Die Kaufnebenkosten, dazu zählen Steuern, Makler, Notar und Grundbuchamt, werden oft vergessen. Sie addieren sich je nach Bundesland jedoch auf zwischen 10 und 15 Prozent des Kaufpreises. Für eine Immobilie zum Kaufpreis von 400 000 Euro werden also insgesamt zwischen 440 000 und 460 000 Euro fällig. Mindestens 20 Prozent, also 88 000 beziehungsweise 92 000 Euro Eigenkapital sollten Sie haben. Je weniger Sie in die Finanzierung einbringen, desto höher die Zinsen und desto teurer Ihre Immobilie.

Vor allem junge Menschen können 20 Prozent Eigenkapital oft nicht aufbringen. Banken bieten deshalb 90-Prozent- oder Vollfinanzierungen an. Sie gehen mit höheren Zinsen und mit einem höheren Risiko einher, weil die Belastung mitunter so hoch ist, dass keine finanziellen Rücklagen gebildet werden können. Doch ob Krankheit, vorübergehende Arbeitslosigkeit oder eine Scheidung: Bedenken Sie, dass sich Ihre Planungen schnell ändern können. Wird ein Notverkauf nach wenigen Jahren nötig, bleiben Sie bei einer Vollfinanzierung mit Schulden zurück. Wir haben die Konditionen für unterschiedliche Finanzierungen mit anschließendem Notverkauf durchgerechnet. Ein Ehepaar kauft ein Haus für 400 000 Euro zuzüglich 40 000 Euro Nebenkosten. Wie steht das Paar da, wenn es das Haus nach fünf Jahren wieder verkaufen muss und nur den Einstandspreis oder weniger erzielt?

Bevor Sie Ihren Plan vom Eigenheim auf Eis legen, prüfen Sie, ob Sie Ihr Eigenkapital stärken können (siehe S. 91). Je mehr Sie einbringen, desto besser – oft reichen ein paar Tausend Euro zusätzliches Eigenkapital aus, um eine günstigere Finanzierung zu erhalten. Sie können beispielsweise Ihr per Riester-Vertrag aufgebautes Altersvorsorgevermögen in die Finanzierung einer selbst genutzten Immobilie einbringen. Die Kapitalentnahme müssen Sie frühzeitig bei der Zentralen Zulagenstelle beantragen. Vielleicht bedienen Sie auch eine Renten- oder kapitalbildende Lebensversicherung, deren Rückkaufwert Sie als Eigenkapital in die Finanzierung einbringen können. Möglicherweise können Sie in Ihrem Umfeld ein Privatdarlehen aufnehmen oder Ihre Eltern spendieren einen Zuschuss als vorweggenommenes Erbe? Auch Eigenleistungen können die Baukosten und die nötige Kreditsumme senken. Überschätzen Sie sich jedoch nicht. Viel mehr als Malern, Tapezieren, Dämmen und Fliesenlegen ist meist nicht drin.

Weniger Eigenkapital – mehr Risiko

Ein Ehepaar kauft ein Haus für 400 000 Euro zuzüglich 40 000 Euro Nebenkosten. Wie steht das Paar da, wenn es das Haus nach fünf Jahren wieder verkaufen muss und nur den Einstandspreis oder weniger erzielt? Bei einer Finanzierung ohne Eigenkapital ist schlimmstenfalls das Haus weg, aber ein Teil der Schulden noch da.

	80-Prozent-Finanzierung	90-Prozent-Finanzierung	100-Prozent-Finanzierung
Finanzierung			
Eigenkapital (Euro)	120 000	80 000	40 000
Kreditsumme (Euro)	320 000	360 000	400 000
Zinssatz (Prozent), 20 Jahre fest	3,77	3,9	4,3
Tilgungssatz (Prozent)	2	2	2
Monatsrate (Euro)	1 538,67	1 770	2 100
Kreditschulden nach fünf Jahren			
Restschuld (Euro)	284 846	320 321	355 463
Vorfälligkeitsentschädigung (Euro) [1]	14 340	18 124	26 642
Schulden (Euro)	299 186	338 445	382 105
Restvermögen oder Schulden (Euro) nach einem Verkauf in fünf Jahren [2]			
Verkaufspreis 400 000 Euro	100 814	61 555	17 895
Verkaufspreis 380 000 Euro	80 814	41 555	-2 105
Verkaufspreis 350 000 Euro	50 814	11 555	-32 105

Anmerkungen:
1) Bei gleichbleibendem Zinsniveau und banküblicher Berechnung (Stichtag 28.02.2025). Bei gesunkenen Zinsen fällt die Entschädigung höher, bei gestiegenen Zinsen niedriger aus.
2) Verkaufspreis abzüglich Schulden

Kapitalaufbau und Förderung in der Ansparphase

Wer einen Immobilienkauf plant, sollte rechtzeitig mit dem Aufbau von Eigenkapital beginnen. Wie viel Geld können Sie im Monat beiseitelegen, um das nötige Eigenkapital aufzubauen? Verschaffen Sie sich zunächst einen Überblick über Ihre Finanzen und machen einen Budgetplan (siehe Kapitel 1). Wie viel Immobilie können Sie sich realistischerweise leisten? Kalkulieren Sie die mögliche Belastung Ihres Immobilieninvestments nicht zu knapp. Wer in der eigenen Immobilie wohnt, spart zwar die Miete. Gleichzeitig müssen Sie aber den Immobilienkredit bedienen, die Nebenkosten bezahlen und Instandhaltungsrücklagen bilden. Pro Monat sollten Sie allein für die letzten beiden Posten mit 4 bis 5 Euro je Quadratmeter Wohnfläche kalkulieren.

Wenn Sie schon in zwei oder drei Jahren bauen oder kaufen wollen, wäre es fahrlässig, Kapitalmarktrisiken einzugehen. Dann bieten sich – neben einer hoffentlich schon vorhandenen Rücklage – zum weiteren Kapitalaufbau Tagesgeld- und Festgeldkonten an (siehe Kapitel 1 und 3). Anders sieht es aus, wenn Sie das Projekt „Eigene Immobilie" längerfristig angehen. Für Ansparphasen ab circa fünf Jahren eignet sich das defensive Pantoffel-Portfolio oder bei noch längerem Vorlauf auch das ausgewogene Pantoffel-Portfolio (siehe Kapitel 6). Beim Pantoffel-Portfolio sorgt die Sicherheitskomponente aus Tages- oder Festgeld für Stabilität; die Aktienkomponente über Index-ETF sorgt im Regelfall und über längere Zeiträume für höhere Renditen.

Neben Eigenkapital und Bankkrediten können Sie einen Bausparvertrag für Ihren Immobilienkauf nutzen. Bausparverträge bieten Zinssicherheit für Ihr Kauf- oder Bauvorhaben in unbestimmter Zeit und wichtiger noch: Dank Bausparvertrag reduziert sich der nötige Bankkredit, und damit können Sie unter Umständen von einem günstigeren Zinssatz bei Ihrer Finanzierung profitieren. Bausparverträge ermöglichen zudem beliebig hohe Sondertilgungen oder eine komplette Rückzahlung des Kredits, was bei Bankkrediten nicht möglich ist. Prüfen Sie auch, ob Sie ein Anrecht auf staatliche Förderung wie die Arbeitnehmersparzulage haben. Der staatliche Zuschuss beträgt je nach Anlageform und Sparsumme bis zu 123 Euro pro Jahr. Voraussetzung: Sie haben einen vom Arbeitgeber oder selbst finanzierten Vertrag über vermögenswirksame Leistungen oder einen Bausparvertrag abgeschlossen und verdienen nicht mehr als 40 000 Euro im Jahr (80 000 Euro als Paar).

Bausparer mit einem zu versteuernden Jahreseinkommen von maximal 35 000 Euro (verheiratet 70 000) können zudem von der Wohnungsbauprämie profitieren und jedes Jahr einen Zuschuss vom Staat bekommen – bis zu 10 Prozent bezogen auf eine jährliche Sparleistung von bis zu 700 Euro von Alleinstehenden und 1400 Euro von Ehepaaren. Ein kleiner Bausparvertrag, der die Prämie optimal ausschöpft, kann sich daher in vielen Fällen lohnen. Wenn Sie dagegen in Zukunft nicht bauen oder kaufen wollen, sind Bausparverträge nicht zu empfehlen. Denn die Policen haben hohe Abschlusskosten und bringen kaum Rendite. Die meisten Bausparkassen zahlen auf Sparguthaben nur Minizinsen von im Schnitt 0,15 Prozent.

So hilft der Staat bei der Finanzierung

Mehr als 50 Prozent der Deutschen wohnen zur Miete. Die Eigentumsquote ist weitaus geringer als in den meisten europäischen Ländern. Der Staat möchte mehr Menschen den Zugang zu Eigentum ermöglichen. Deshalb gibt es schon seit Jahrzehnten entsprechende Förderungsprogramme. Sie sollen den Zugang zum Immobilienkauf oder zum Neubau erleichtern. Gleichzeitig sorgt die Einbindung dieser Programme dafür, dass sich Banken mit der Finanzierung des Immobilienprojektes leichter tun und manchmal auch günstigere Konditionen gewähren.

Das bekannteste Programm ist das KfW-Wohneigentumsprogramm. Es richtet sich an Selbstnutzer und ist am einfachsten zugänglich, weil keine besonderen Bedingungen erfüllt werden müssen. Die KfW fördert im Wohneigentumsprogramm mit bis zu 100 000 Euro den Kauf oder Bau von selbst genutzten Eigenheimen oder Eigentumswohnungen. Bei einem Neubau sind unter anderem die Kosten des Baugrundstücks, die Baukosten und die Baunebenkosten wie Notar- oder Maklergebühren sowie die Grunderwerbssteuer förderfähig. Das gilt auch für Honorare für die Energie- und Bauberatung, Architektenhonorare und die Kosten für Außenanlagen. Beim Kauf einer Wohnung oder eines Eigenheimes können der Kaufpreis, die Nebenkosten sowie Kosten für Instandsetzung, Umbau und Modernisierung gefördert werden. Die Zinsen liegen im KfW-Wohneigentumsprogramm in etwa auf dem Marktniveau. Sie können für fünf oder zehn Jahre festgeschrieben werden.

Attraktivere Zinskonditionen sind beim Bau oder Kauf eines Effizienzhauses oder für die energetische Sanierung einer Bestandsimmobilie möglich. Für den Bau oder Kauf eines Effizienzhauses oder für die energetische Sanierung einer Bestandsimmobilie können Hausbesitzer zinsvergünstigte Kredite bekommen, für die energetische Sanierung und den Einbau einer neuen Heizung auch Zuschüsse. Für klimafreundliche Neubauten gibt es ebenfalls zinsvergünstigte Kredite. Wie hoch der Förderkredit und der Zuschuss im Einzelfall sind, hängt von der Art der Maßnahme ab. Die Programme zur Energieeffizienz ändern sich relativ häufig. Die jeweils aktuellen Programme finden Sie auf der Website der KfW.

KfW: Effizienzhausstandard

Grundsätzlich gilt: Je besser die Energiebilanz eines Hauses ist, desto höher die Förderung. Um die Energiebilanz eines Hauses einstufen zu können, hat die KfW-Bank den sogenannten Effizienzhausstandard entwickelt. Er gibt an, wie hoch der Energiebedarf eines Hauses im Verhältnis zu einem vergleichbaren Neubau ist. Der bei der Bundesförderung für effiziente Gebäude (BEG) höchste erreichbare Standard ist das KfW-Effizienzhaus 40. Es verbraucht 40 Prozent der Energie eines vergleichbaren Neubaus aus dem Jahr 2009. Der niedrigste noch förderfähige Standard bei einer Sanierung ist das KfW-Effizienzhaus 85. Das Geld gibt es nur, wenn die Maßnahmen bestimmte technische Mindestvoraussetzungen erfüllen. Außerdem müssen die Arbeiten meist von Fachleuten ausgeführt werden. In der Regel ist es deshalb sinnvoll, vorab einen Energieberater einzuschalten.

Am höchsten ist die Förderung für eine Komplettsanierung zum Effizienzhaus. Wenn der Energiebedarf danach mindestens zu 65 Prozent mit erneuerbaren Energien gedeckt wird, ist ein zinsvergünstigter Kredit von bis zu 150 000 Euro und ein Tilgungszuschuss von bis zu 37 500 Euro möglich. Hatte das Haus vor der Sanierung einen besonders schlechten Energiestandard („Worst Performing Building"), kann der Tilgungszuschuss sogar auf bis zu 52 500 Euro steigen. Der Tilgungszuschuss reduziert den zurückzuzahlenden Kreditbetrag und verkürzt die Laufzeit. Die Kreditnehmenden müssen also nicht den gesamten Betrag zurückzahlen. Auch für einzelne Sanierungsmaßnahmen wie zum Beispiel eine Wärmedämmung, die Erneuerung der Fenster und Türen oder eine neue Heizung gibt es Zuschüsse oder günstige Kredite. Unser Rechner gibt einen schnellen Überblick über Höchstbeträge, Laufzeiten, Zinssätze und Tilgungszuschüsse der Förderprogramme rund ums Bauen und Wohnen. Mehr dazu auf test.de/foerderung-haus-heizung.

KfW-Programme bieten attraktive Zinsen und Tilgungszuschüsse. Sie führen oft auch zu besseren Konditionen für die Gesamtfinanzierung. Denn für die Banken, über die die KfW-Kredite beantragt werden, stellt die Kombination mit einem KfW-Darlehen eine Minderung ihres Kreditrisikos dar. Entsprechend sind sie dann oft bereit, für ihren eigenen Finanzierungsanteil etwas günstigere Konditionen anzubieten. Bei knappem Eigenkapital und etwas unsicherer Bonität ermöglicht mitunter erst die Einbindung der KfW-Darlehen eine Finanzierung durch die Bank.

Die passende Finanzierungsstruktur wählen

Bei der Finanzierung gibt es vielfältige Möglichkeiten. Wählen Sie den passenden Zinsbindungszeitraum und eine tragbare Tilgungsrate. Längere Zinsbindungen sind zwar etwas teurer, bieten aber längerfristige Finanzierungssicherheit.

Wenn der finanzielle Rahmen steht, müssen Sie eine passende Finanzierung wählen. Je kürzer die Laufzeit, desto günstiger ist in der Regel der Zinssatz. Im Gegenzug tragen Sie aber bei kurzen Laufzeiten das Risiko der Anschlussfinanzierung. Läuft Ihre Zinsbindung nach fünf oder zehn Jahren aus, haben Sie keine Planungssicherheit. Die Konditionen für eine Anschlussfinanzierung können günstiger, aber auch deutlich schlechter sein. Wer knapp kalkuliert hat, könnte bei deutlich gestiegenen Zinsen Probleme bekommen. Das geht aktuell vielen Bauherren so, die in der Niedrigzinsphase vor zehn Jahren Kredite zu gut 1 Prozent abgeschlossen haben und jetzt einen dreimal so hohen Anschlusszinssatz vereinbaren müssen.

Wenn Sie dagegen Hypothekenkredite mit langer Zinsbindung wählen, haben Sie maximale Planungssicherheit. 20, 25 oder 30 Jahre Zinsbindung sind möglich. Dafür zahlen Sie einen Aufschlag. Sollten die Zinsen im Verlauf deutlich sinken, könnte sich eine Umfinanzierung lohnen. Nach zehn Jahren haben Sie grundsätzlich ein Kündigungsrecht, ohne dass eine Vorfälligkeitsentschädigung fällig wird. Auch können Sie dann nach einer Frist von sechs Monaten per Sondertilgungen Ihre Kreditschuld reduzieren, falls Sie sich das Recht auf Sondertilgung nicht per Vertrag gesichert haben.

Wie lange Sie Ihren Kredit abzahlen müssen, hängt neben der Kreditsumme auch von der gewählten Tilgungsrate ab. Je geringer, desto niedriger die monatlichen Raten, die Sie aufbringen müssen. Aber desto länger dauert es auch, bis Ihr Kredit getilgt ist. Und desto höher fallen die Zinskosten am Ende aus. Wir empfehlen eine Tilgung von mindestens 2 Prozent, besser 3 Prozent.

Die Einkommens- und Lebensverhältnisse ändern sich. Baufinanzierer haben sich darauf eingestellt und bieten zunehmend Hypotheken mit flexibler Rückzahlung an. Das heißt: Sie können Sondertilgungsrecht vereinbaren, bis 5 Prozent p. a. sogar in der Regel ohne Aufpreis. Für eine außerplanmäßige Tilgung von 10 Prozent müssen Sie dagegen meist einen Aufschlag von 0,1 Prozent zahlen.

Die zweite Stellschraube: der Tilgungssatz. Bei einigen Anbietern sind zwei bis drei Änderungen während der Zinsbindung möglich, sodass die Monatsraten steigen oder auch sinken können, wenn es mal finanziell eng wird. Für die Flexibilität fällt in der Regel kein Zinsaufschlag an. Prüfen Sie aber die vertraglichen Bedingungen. Gibt es Einschränkungen wie Mindesttilgung oder eine Begrenzung der Ratenwechsel? Auch sollten die möglichen Sondertilgungen im Vertrag festgeschrieben sein. Die angebotenen Tilgungswahlrechte und sonstigen Kreditbedingungen von mehr als 80 Banken, Versicherern und Kreditvermittlern enthält unsere Datenbank zu den Darlehensbedingungen der Baufinanzierer (test.de/immobilien-kredite, kostenpflichtig).

Absolute Planungssicherheit haben Sie, wenn Sie ein Darlehen mit Volltilgung wählen. Bei diesen Volltilgerdarlehen ist der Zinssatz für die gesamte Laufzeit festgeschrieben. Zinserhöhungen sind ausgeschlossen, die Monatsrate bleibt stets gleich. Wegen der langen Zinsbindung sind die Volltilgerdarlehen jedoch etwas teurer als Immobilienkredite über zehn Jahre. Ein Zinsvergleich bei verschiedenen Anbietern lohnt bei den langen Laufzeiten ganz besonders. Stiftung Warentest hat das Angebot gecheckt. Mit dem günstigsten Angebot zahlen Immobilienkäufer für einen Kredit in Höhe von 360 000 Euro fast 60 000 Euro weniger als beim teuersten Anbieter. Günstige Anbieter finden Sie in unserem Zinsvergleich test.de/vergleich-volltilgerdarlehen (kostenpflichtig).

Immobilie vermieten?

Für Vermieter sieht die Finanzierungsrechnung anders aus als für Selbstnutzer. Der Grund: Sie können Kosten rund um die Immobilie steuerlich geltend machen und mit den Mieteinnahmen verrechnen. Das gilt besonders für die Zinskosten, nicht aber die Tilgung. Entsprechend kann es wirtschaftlich sinnvoll sein, die Immobilie mit wenig Eigenkapital und geringer Tilgungsrate zu finanzieren. Voraussetzung dafür ist jedoch eine gute Bonität.

Tilgungssätze bestimmen

In der Tabelle lässt sich ablesen, wie hoch der anfängliche Tilgungssatz sein muss, um die Schulden in der errechneten Dauer abzutragen. Wer 25 Jahre Zeit hat, muss bei einem Zinssatz von 3,5 Prozent einen anfänglichen Tilgungssatz von 2,51 Prozent wählen. Die sogenannte Annuität Zins und Tilgung liegt damit bei 6,01 Prozent. Bei zehn Jahren und einem Zinssatz von 2,0 Prozent liegt die Tilgungsrate dagegen bei 9,04 Prozent. Die Annuität steigt auf 11,04 Prozent. Das heißt: Bei einem Kredit von 200 000 Euro müssen die Kaufenden 22 080 Euro pro Jahr oder 1840 Euro pro Monat aufbringen, um nach 10 Jahren schuldenfrei zu sein.

	Benötigter Tilgungssatz (Prozent) zur Abzahlung des Kredits bei einem Zinssatz von … (Prozent)						
Zeitraum (Jahre)	2	2,5	3	3,5	4	4,5	5
10	9,04	8,81	8,59	8,37	8,15	7,94	7,73
15	5,72	5,5	5,29	5,08	4,88	4,68	4,49
20	4,07	3,86	3,66	3,46	3,27	3,09	2,92
25	3,09	2,88	2,69	2,51	2,33	2,17	2,02
30	2,44	2,24	2,06	1,89	1,73	1,58	1,44
35	1,98	1,79	1,62	1,46	1,31	1,18	1,06

»

Je niedriger der Zinssatz ist und je weniger Zeit zur Verfügung steht, desto höher muss der Tilgungssatz sein.

«

In smarten Schritten zur eigenen Immobilie

Der Weg zur eigenen Immobilie ist lang. Nach Ihren Zielsetzungen und Vorbereitungen müssen Sie in der nun entscheidenden Phase der Geldbeschaffung planmäßig vorgehen.

Kapitalaufbau und staatliche Förderung Der Weg vom ersten Gedanken über eine konkrete Zieldefinition bis hin zum tatsächlichen Kauf einer eigenen Immobilie kann dauern. Um später günstige Kreditkonditionen zu bekommen, müssen Sie zunächst Eigenkapital aufbauen. Dafür eignet sich das Pantoffel-Portfolio der Stiftung Warentest. Eine mögliche Ergänzung ist der Abschluss eines Bausparvertrags. Hier bekommen Sie Zuschüsse vom Staat, wenn Sie bestimmte Einkommensgrenzen nicht überschreiten.

Eigenkapital mobilisieren Bevor Sie sich auf die konkrete Suche nach einer Immobilie machen, prüfen Sie Ihr Eigenkapital. Wie viel Geld können Sie aus dem Pantoffel-Portfolio oder anderen Konten und Depots mobilisieren? Kommt ein Familienkredit oder ein vorzeitiges Erbe infrage? Mit dem Eigenkapital sollten Sie mindestens 20 Prozent des Kaufpreises und die Kaufnebenkosten abdecken.

Maximale monatliche Belastung feststellen Ermitteln Sie, welche monatliche Belastung Sie nach dem Kauf der Immobilie maximal tragen können. Planen Sie einen gewissen Puffer ein und denken Sie auch an die Nebenkosten und Rücklagen für Reparaturen, die 4 bis 5 Euro pro Quadratmeter Wohnfläche ausmachen können.

Immobilie suchen und staatliche Fördermittel checken Suchen Sie jetzt nach einer konkreten Immobilie. Achten Sie auf die staatlichen Fördermittel, die insbesondere bei energetischen Sanierungen konkurrenzlos günstig sind. Die KfW-Förderung erleichtert zudem den Zugang zu Krediten von privaten Banken.

Finanzierungsangebote einholen Wenn Sie eine konkrete Immobilie im Blick haben, holen Sie Angebote von mindestens drei Immobilienfinanzierern ein. Fragen Sie neben Ihrer Hausbank in jedem Fall bei Finanzierungsvermittlern wie zum Beispiel Interhyp oder Dr. Klein nach. Lassen Sie sich Angebote für unterschiedliche Laufzeiten und Tilgungsraten präsentieren. Falls Sie einen Bausparvertrag haben, sollte er in die Finanzierungskonstruktion eingebaut werden.

Die passende Finanzierung wählen Suchen Sie sich aus den Angeboten das für Sie am besten passende aus. Achten Sie neben der reinen Zinshöhe vor allem auf eine möglichst lange Zinsfestschreibung (mindestens 10 bis 15 Jahre) und eine ausreichend hohe Tilgung (mindestens 2 bis 3 Prozent). Wenn die ausgerechnete monatliche Belastung mit Tilgung und Zinsen Ihre maximale monatliche Belastung überschreitet, sollten Sie vom Projekt Abstand nehmen und weiter Eigenkapital aufbauen oder eine günstigere Immobilie suchen.

08

Ich will ein Sabbatical finanzieren

Ausstieg auf Zeit

Der Traum vom temporären Ausstieg ist machbar und finanzierbar. Der öffentliche Dienst und viele Großunternehmen bieten inzwischen über Zeitwertkonten einen geregelten Weg für Sabbaticals. Eine Alternative ist unbezahlter Urlaub. Da braucht es aber einen größeren Finanzpuffer.

Endlich mal aussteigen und sich mit irgendetwas ganz anderem beschäftigen. Wenn Sie davon träumen, sind Sie nicht allein. Ein sogenanntes Sabbatical wollten nach einer Umfrage des Karrierenetzwerks Xing schon vor der Corona-Pandemie mehr als die Hälfte der Befragten machen. Anders als das „Gap Year" von Studierenden vor, während oder nach dem Studium versteht man unter einem Sabbatical die komplette Auszeit vom Arbeitsleben. Der Begriff Sabbatjahr stammt aus der jüdischen Tora. Ursprünglich bezog er sich darauf, dass jedes siebte Jahr Land für ein Jahr brachliegen sollte. Daran knüpften amerikanische und europäische Wissenschaftler an. Sie nahmen vor der Jahrtausendwende gerne ein „Sabbatical", um sich – frei von Lehrverpflichtungen – ihren Forschungen widmen zu können. Inzwischen ist das Sabbatical weltweit begehrt – zur Erholung, zur Neuorientierung, als Familienzeit oder um ein Traumprojekt zu realisieren.

Einnahmen und Kosten: Überlegen Sie gut!

Für Sie ist es klar: Sie brauchen eine Auszeit. Kümmern Sie sich daher im Vorfeld um die Finanzierung. Gibt es bereits Ersparnisse, die Ihnen ein Sabbatjahr erleichtern? Können Sie für Ihr Money Goal bis zum Beginn der Auszeit zusätzlich sparen? Informieren Sie sich sorgfältig über die verschiedenen Finanzierungsmodelle. Machen Sie einen Kassensturz (siehe Kapitel 1). Könnten Sie zwischenzeitlich auf einen Teil Ihres Gehalts verzichten, um auf einem Zeitwertkonto für das Sabbatical anzusparen? Wie hoch darf der Verzicht maximal ausfallen? Könnten Sie zum Beispiel bei einem Sabbatmodell per Zeitwertkonten über vier Jahre mit drei Viertel Ihres üblichen Bruttogehalts auskommen? Netto fällt der Verlust zwar geringer als 25 Prozent aus. Denn wegen der Progression ist die Steuerbelastung auf das letzte Viertel des Bruttoeinkommens besonders hoch. Aber mit 20 Prozent weniger müssen Sie bei einem durchschnittlichen Einkommen rechnen.

Wollen Sie während der Auszeit zu Hause bleiben oder auf Weltreise gehen, was zusätzliche Kosten verursacht? Können Sie vielleicht Ihre Wohnung vermieten oder untervermieten, um die Reisekasse zu füllen? Bedenken Sie auch, dass Sie in der Sabbatphase Ihre Versicherungen und Fixkosten weiter bedienen müssen und gegebenenfalls zusätzliche Policen wie einen Auslandskrankenversicherungsschutz brauchen. Je nach Ihren Plänen für die Auszeit und nach den Angeboten Ihres Arbeitgebers können Sie dann festlegen, welche Summe Sie brauchen, um unbesorgt ins Sabbatical zu gehen – und es genießen zu können.

So planen Sie langfristig Ihr Money Goal

Ein Sabbatical muss nicht unbedingt ein Jahr dauern. Es können auch ein paar Monate oder ein halbes Jahr sein. Gleichwohl gilt: Wer länger als die normale Urlaubszeit aus dem Joballtag aussteigen will, braucht nicht nur solide Finanzen, sondern vor allem auch einen klaren Plan. Am Anfang steht das Einverständnis des Arbeitgebers. Für Beamte und Beamtinnen oder Mitarbeitende im Öffentlichen Dienst gibt es dafür feste Regelungen. Auch in vielen größeren Unternehmen wurden entsprechende Programme aufgelegt. Bei kleineren Unternehmen ist ein Sabbatical allerdings immer noch Verhandlungssache. Je frühzeitiger Sie sich darum kümmern, umso leichter fällt es in der Regel, eine Lösung zu finden. So oder so: Spontan können Sie ein Sabbatical nur einlegen, wenn Sie auf jegliche Absicherung verzichten wollen. Dann kündigen Sie einfach und ziehen Ihrer Wege. Das setzt allerdings viel Mut und sehr solide Finanzen voraus.

Strategisch klüger ist es, das Sabbat-Projekt langfristig anzugehen. Das gilt vor allem, wenn Sie an den alten Arbeitsplatz zurückkehren wollen. Zunächst sollten Sie für sich klären, was Sie im Sabbatical machen wollen und welchen Zeitraum Sie dafür veranschlagen. Anschließend können Sie bei Ihrem Arbeitgeber vorstellig werden. Dabei sollten Sie gute Argumente präsentieren, warum das Sabbatical auch für den Chef interessant sein könnte – zumal der sich auch überlegen muss, wie er

Ihre Auszeit überbrücken kann. Schließlich müssen Sie in der Zeit bis zum temporären Ausstieg Ihr Gehalts- oder Arbeitszeitkonto füllen. Bedenken Sie auch jetzt schon die Finanzierung des Sabbaticals und dass Sie während Ihrer Auszeit wichtige Versicherungen wie Ihre Haftpflicht-, Berufsunfähigkeits- oder Unfallversicherung weiter bedienen sollten.

Der einfache Weg – per Zeitwertkonten

Der öffentliche Dienst war Vorreiter, und inzwischen ermöglichen auch immer mehr Unternehmen ihren Mitarbeitenden temporäre Auszeiten. Durch die Nutzung von Zeitkonten bleiben die Mitarbeitenden auch während der Auszeit sozialversichert. Allerdings müssen Sie über längere Zeit Einkommensverluste akzeptieren.

Angestellte im öffentlichen Dienst und Verbeamtete haben Anspruch auf ein Sabbatical. Dazu gehören auch Lehrkräfte: Sie haben in der Vergangenheit von dieser Möglichkeit überproportional Gebrauch gemacht.

Es gibt verschiedene Modelle zur Gestaltung des Sabbaticals. Die häufigste Variante ist das klassische Sabbatjahr von zwölf Monaten. Auch halbe Jahre (Schulhalbjahre) werden gerne in Anspruch genommen. Beamte müssen rechtzeitig einen formellen Antrag auf das Sabbatjahr bei ihrem Chef stellen. Danach wird über die Finanzierung der Auszeit durch passende Ansparphasen nachgedacht.

Die Regelungen zu Freistellungen sind in den 16 Bundesländern leicht unterschiedlich. Die jeweiligen Abweichungen sind aber nur gering. Positiv wirkt sich aus, dass es für Angestellte im öffentlichen Dienst und Verbeamtete ohnehin seit Langem umfassende Teilzeitbeschäftigungsmodelle gibt. Zwischen einer ganz normalen vollen und einer halben Stelle eröffnen sich viele Wahlmöglichkeiten, die Planung und Realisierung eines Sabbatjahrs erleichtern. Die Teilzeitarbeit kann zum Beispiel zwischen zwei Dritteln und neun Zehnteln liegen, und die Bezahlung bewegt sich ebenfalls in diesem Rahmen. Dazu kommt, dass zwischen einem und zehn Jahren in Teilzeit gearbeitet werden darf, um während der Auszeit das gleiche Gehalt beziehen zu können. Rechnen Sie für sich individuell aus, welche Kombination aus Gehaltsverzicht und Dauer des Sabbaticals für Sie am besten geeignet ist.

Die finanziellen Auswirkungen eines Sabbaticals könnten vielleicht so aussehen.

Beispiel: Die angestellte Lehrerin Erika Mustermann plant ein Sabbatjahr. Sie stellt einen Antrag, dem ohne Weiteres stattgegeben wird. Drei Jahre lang arbeitet sie wie gewohnt in Vollzeit, erhält aber nur 75 Prozent ihres Bruttogehalts. Im vierten Jahr macht sie eine Auszeit und erfüllt sich ihren Lebenstraum – sie schreibt einen Kriminalroman. Während dieser Auszeit erhält sie weiterhin 75 Prozent ihres Bruttogehalts. Netto verliert sie rund 20 Prozent. Die Kranken- und Rentenversicherung laufen während der gesamten vier Jahre zu reduzierten Abgaben weiter. Das ist machbar, zumal sie als temporäre Schriftstellerin zu Hause arbeitet und keine zusätzlichen Kosten etwa für teure Reisen anfallen.

Das Sabbatical wirkt sich aber auch langfristig auf die Altersversorgung aus. Für die Rente hat sie wegen ihres um ein Viertel geringeren Bruttoeinkommens jeweils ein Viertel weniger an Rentenpunkten eingesammelt.

Beispiel: Unter der Annahme, dass Erika Mustermann genau das Durchschnittsgehalt verdient, müsste sie pro Jahr auf einen viertel Rentenpunkt verzichten. Insgesamt macht das einen Rentenpunkt, der aktuell 40,79 Euro ausmacht. In den vergangenen 30 Jahren ist der Wert eines Rentenpunktes von umgerechnet 23,64 Euro (Deutschland/West) auf diese 40,79 Euro gestiegen. Das entspricht einer Steigerung von rund 72 Prozent. Nehmen wir dieselbe Steigerungsrate für die kommenden 30 Jahre an, bekäme Frau Mustermann damit durch ihr Sabbatical beim Renteneintritt brutto 70,40 Euro weniger Rente.

Sabbatical in Unternehmen mit festen Regeln

Auch in der Privatwirtschaft gibt es inzwischen zahlreiche Großunternehmen und Mittelständler mit festen Regelungen und vorformulierten Verträgen für „Sabbaticals". Allerdings dauert es auch hier oft eine gewisse Zeit, bis Sie in Ihren längerfristigen Urlaub starten können. Denn als Arbeitnehmer müssen Sie ein Zeitwertkonto oder Guthabenkonto füllen. Zeitwertkonten können Arbeitgeber ihren Mitarbeitenden seit

2009 anbieten. Sie wurden von der Bundesregierung als Ersatz für die ehemalige Altersteilzeit eingerichtet.

GUT ZU WISSEN: Zeitwertkonten werden auch als Lebensarbeitszeitkonten bezeichnet. Auf diesen Konten kann Arbeitszeit über einen langen Zeitraum angespart werden, um später eine bezahlte Auszeit zu nehmen.

In der Ansparphase können fast alle Lohn- und Gehaltsbestandteile auf ein Zeitwertkonto eingezahlt werden: Dazu gehören Überstunden und Stundenguthaben aus Kurzzeitkonten, freiwillige Arbeitgeberleistungen wie Urlaubsansprüche oberhalb des gesetzlichen Urlaubsanspruchs, aber auch andere außer- oder übertarifliche Leistungen. Guthaben aus Überstunden oder nicht genommener Urlaub werden auf Basis des aktuellen Stundensatzes in Geld umgerechnet und angelegt. Das Geld bleibt Eigentum des/der jeweiligen Beschäftigten. In der Entnahmephase wird das Geld schrittweise ausgezahlt und ersetzt damit ganz oder teilweise das Gehalt. Mit dem Zeitguthaben können laut Gesetz Arbeitskräfte Altersteilzeit oder einen Vorruhestand finanzieren. Viele Arbeitgeber ermöglichen aber auch die Nutzung für die Pflege der Angehörigen, eine Aufstockung des Erziehungsgeldes oder ein Sabbatical.

Teilzeitmodelle

Wenn es feste Regelungen bei Unternehmen gibt, orientieren sie sich in der Regel an Teilzeitmodellen und den Usancen im öffentlichen Dienst. Dabei schließen Sie als Arbeitnehmer einen zeitlich befristeten Teilzeitvertrag mit Ihrem Arbeitgeber. Zunächst arbeiten Sie in der sogenannten Ansparphase Vollzeit, erhalten aber ein geringeres Gehalt. Damit bauen Sie Überstunden auf, die auf dem Arbeitszeitkonto gespeichert werden.

Die angesparten Stunden nutzen Sie später für das Sabbatical. Dieses Modell hat einige Vorteile: Sie erhalten weiterhin einen reduzierten Lohn und sind somit weitgehend finanziell abgesichert. Zudem führt der Arbeitgeber weiterhin Beiträge für die Kranken-, Pflege- und Arbeitslosenversicherung ab. Auch in der Rentenversicherung gibt es keine beitragsfreien Zeiten.

Vorformulierte Verträge

Häufig haben größere Arbeitgeber bereits vorformulierte Verträge für Sabbaticals aufgesetzt. Zuweilen gibt es jedoch Verhandlungsspielräume. Das betrifft insbesondere die Modalitäten bei der Rückkehr beziehungsweise die Regelungen im Krankheitsfall. Wenn Sie sich nicht sicher sind, können Sie den Sabbatical-Vertrag von einer Arbeitsrechtskanzlei überprüfen lassen. Die wichtigsten Punkte, die ein solcher Vertrag enthalten sollte, müssen neben den allgemeinen Informationen zum Arbeitgeber und zum Arbeitnehmer festgelegt werden. Dazu gehört die festgelegte Dauer der Auszeit und Regelungen zu eventuellen Verlängerungsmöglichkeiten und -modalitäten.

Wichtig für Sie sind Garantien für die Rückkehr an den bisherigen Arbeitsplatz und berufliche Wiedereingliederung beziehungsweise Angaben über eine neue Position im Unternehmen nach dem Sabbatical. Dazu gehören auch die vereinbarte Art der Gehaltszahlung (Ansparung durch Überstunden, Arbeitszeitkonto oder unbezahlter Urlaub) und ein Insolvenzschutz für den Fall, dass das Unternehmen in der Anspar- oder Sabbatphase insolvent wird.

Angaben zum Urlaub oder Resturlaub und Vereinbarungen zum Vorgehen während längerer Krankheitszeiten im Sabbatical sollten ebenfalls im Vertrag fixiert werden, ebenso Regelungen zu erlaubten Beschäftigungen während des Sabbaticals (zum Beispiel freie Mitarbeiten, Work and Travel).

Fortbildung, Kündigungsschutz und schriftliche Klärung Ihrer Kernfragen

Auch etwaige Weiterbildungsmaßnahmen während des Sabbaticals können vereinbart werden. Wenn sie für das Unternehmen nützlich sind, werden Sie gegebenenfalls sogar bezahlt.

Schließlich sollten Sie auf Absicherungen gegen eine Kündigung während des Sabbaticals drängen. Auch in der Auszeit sind betriebsbedingte Kündigungen möglich. Für Freigestellte gelten dann die gleichen Regeln der Sozialauswahl wie für die anderen Mitarbeiter.

Der Arbeitgeber schließlich wird auch auf die Festlegung von Sanktionen bei Verstößen gegen die vertraglichen Pflichten drängen, etwa bei unerlaubten Beschäftigungen während des Sabbaticals.

WICHTIG! All diese Kernfragen müssen in jedem Fall geklärt und vorab und schriftlich umfassend festgehalten werden. So wissen beide Parteien genau, worauf sie sich mit dem Sabbatical einlassen, und etwaige Unklarheiten oder Streitfragen lassen sich im Voraus vermeiden.

Der schwierigere Weg – unbezahlter Sonderurlaub

Bei Zeitwertkonten können Sie sich langsam an ein reduziertes Budget gewöhnen. Das ist beim unbezahlten Urlaub nicht möglich, denn hier fallen zusätzliche Kosten für Sozialversicherungen an. Sie müssen daher frühzeitig finanzielle Reserven aufbauen.

Obwohl das Sabbatical inzwischen weit verbreitet ist, bieten längst nicht alle Unternehmen Regelungen dafür an. Insbesondere bei kleineren Firmen sucht man sie vergeblich. Eine Möglichkeit wäre noch ein unbezahlter Urlaub. Er kommt vor allem dann infrage, wenn Arbeitgeber und Arbeitnehmer ein großes Interesse daran haben, nach dem Sabbatical das Arbeitsverhältnis wieder aufzunehmen. Der unbezahlte Urlaub bietet größtmögliche Freiheiten, und Sie können Ihr Sabbatical in der Regel deutlich schneller antreten als bei den zuvor genannten Varianten. Allerdings müssen Sie für diesen Plan finanziell sehr gut aufgestellt sein und für Ihr Money Goal eine größere Summe auf dem Konto haben.

Schon der Name sagt es deutlich: Auf ein Gehalt müssen Sie beim unbezahlten Urlaub verzichten. Der Job pausiert zwar für den ausgemachten Zeitraum. Dennoch läuft der Arbeitsvertrag inklusive des Kündigungsschutzes weiter und bietet den Anspruch auf eine Rückkehr. Neben dem Verzicht auf das Nettogehalt müssen Sie aber noch weitere Kosten abdecken. So erlischt nach Ablauf von vier Wochen der Anspruch auf die Krankenversicherung. Sie müssen sich also selbst bei Ihrer Kasse versichern – ohne den hälftigen Anteil des Arbeitgebers. Weil kein Gehalt fließt, wird auch kein Geld in die Rentenkassen eingezahlt. Sie können zwar freiwillige Beiträge zur Rentenversicherung entrichten, müssen aber auch hier auf die Einzahlungen des Arbeitgebers verzichten.

Wenn Sie auf die Rentenbeiträge verzichten, müssen Sie auch auf die Rentenpunkte für diesen Zeitraum verzichten. Bei einem Sonderurlaub von einem Jahr und Durchschnittslohn macht das wie im Beispiel oben 40,79 Euro beziehungsweise hochgerechnet über 30 Jahre rund 72 Euro.

RIESTER-VERTRÄGE: Immerhin können Sie weiterhin die Riester-Förderung bekommen, wenn Sie an mindestens einem Tag im Kalenderjahr sozialversicherungspflichtig beschäftigt waren. Sinkt das Jahreseinkommen durch die Freistellung, sinken die Beiträge möglicherweise bis auf 60 Euro im Jahr.

Finanziell ist ein Sabbatical als unbezahlter Urlaub eine große Herausforderung und erfordert eine gründliche Planung. Anders als bei der Variante über Zeitwertkonten kommt der Ausfall des Gehalts plötzlich, und es fallen Zusatzkosten an. Sie sollten daher für die Zeit des unbezahlten Urlaubs mit einem finanziellen Bedarf in Höhe Ihres Nettoeinkommens rechnen zuzüglich der etwaigen Zusatzkosten für Reisen oder andere Hobbys. Bei einem angenommenen Nettoeinkommen von 3500 Euro müssten Sie für ein halbes Jahr unbezahlten Urlaub also mindestens 21000 Euro angespart haben, für ein ganzes Jahr entsprechend 42000 Euro.

Sie müssen sich diese Variante leisten können. Deshalb sollte der unbezahlte Urlaub nur dann ernsthaft in Betracht gezogen werden, wenn es keine vorteilhafteren Regelungen im Unternehmen gibt oder wenn der temporäre Ausstieg möglichst zeitnah erfolgen soll – weil Sie es sich unbedingt wünschen und vielleicht sogar ohne Pause einen Burnout befürchten. Voraussetzung ist allerdings der entsprechende finanzielle Hintergrund.

Money Goal „Unbezahlter Urlaub"

Im Gegensatz zu Teilzeitverträgen ist der unbezahlte Urlaub sehr teuer. Das Einkommen fehlt, aber die Kosten für Miete und Versicherungen laufen weiter. Bauen Sie vor! Mit Tages- und Festgeld (siehe Kapitel 1 und 3) können Sie einen finanziellen Puffer ansparen. Bei längeren Vorlaufzeiten kommt auch ein defensives oder ausgewogenes Pantoffel-Portfolio (siehe Kapitel 6) in Betracht. Schließlich ist es sinnvoll, einen längeren unbezahlten Urlaub über zwei Kalenderjahre zu nehmen (etwa von Juli bis Juni statt Januar bis Dezember). Dann fällt die Steuerbelastung insgesamt geringer aus, und Sie erhalten in beiden Jahren Zuschüsse für die Riester-Rente.

Ihr smarter Plan für die temporäre Auszeit: So gehen Sie vor

Eine gute Vorbereitung ist das halbe Sabbatical. Für eine längere berufliche Auszeit müssen Sie sich frühzeitig Gedanken machen und konkrete Ziele setzen. Das gilt vor allem, wenn Sie für dieses Sabbatical vorteilhafte Regelungen nutzen und mit einem Zeitwertkonto ansparen wollen.

Legen Sie Ihr Ziel fest Klären Sie für sich die wichtigsten Fragen schon weit im Voraus: Was möchten Sie mit Ihrer Auszeit erreichen, berufliche oder persönliche Fortentwicklung? Wann soll Ihr Sabbatical spätestens stattfinden? Je klarer Sie Ihr Ziel definieren, umso eher können Sie es erreichen.

Erkundigen Sie sich umfassend Gibt es in Ihrem Betrieb bereits Regelungen für ein Sabbatical? Sind sie in Musterverträgen vorgeschrieben? Und wie sehen diese Verträge aus? Falls nicht: Könnte Ihr Arbeitgeber Ihr Fehlen kompensieren, und was hätte er davon, wenn er Ihnen freigibt? Könnte unbezahlter Urlaub ein gangbarer Weg sein?

Kümmern Sie sich rechtzeitig um die Finanzierung und bauen Sie Rücklagen auf Gibt es bereits Ersparnisse, die Ihnen ein Sabbatjahr erleichtern? Informieren Sie sich sorgfältig über die verschiedenen Finanzierungsmodelle. Könnten Sie wie im Beispiel zuvor bei einem Sabbatmodell per Zeitwertkonten über vier Jahre mit drei Viertel Ihres üblichen Bruttogehalts auskommen? Bedenken Sie auch, dass Sie in der Sabbatphase Ihre Versicherungen und Fixkosten weiter bedienen müssen und ggf. zusätzliche Policen wie einen Auslandskrankenversicherungsschutz brauchen.

Schließen Sie den Sabbatical-Vertrag ab Prüfen Sie den Standardvertrag Ihres Unternehmens für ein Sabbatical. Wenn Sie Zusatzwünsche haben, klären Sie diese ebenfalls schriftlich ab. Achten Sie neben dem Timing des Sabbaticals und Versicherungsfragen vor allem auf die Abmachungen für die Zeit nach dem Sabbatical. Bei Beamten und im öffentlichen Dienst generell ist die Rückkehr an den alten Posten in der Regel kein Problem, bei Posten mit Personalverantwortung in der Privatwirtschaft schon eher.

Starten Sie ins Sabbatical Überlegen Sie kurz vor dem Ausstieg noch einmal genau, was Sie in der Auszeit erreichen wollen, und prüfen Sie Ihre Pläne. Genießen Sie unbeschwert von Gedanken an die Arbeit Ihre Auszeit – allerdings nicht unbedingt bis zum allerletzten Tag. Vor der Rückkehr sollten Sie sich Gedanken machen. Habe ich meine Ziele im Sabbatical erreicht? Bin ich zufrieden mit dem Gedanken, exakt an die alte Stelle zurückzukehren? Oder habe ich mich in eine andere Richtung entwickelt und möchte künftig etwas anderes machen?

09 Ich will früher in Rente gehen

Mit smartem Plan vorzeitig aussteigen

Früher in Rente gehen? Das können sich nicht nur die jetzigen „Babyboomer", sondern auch junge Menschen gut vorstellen. Unverzichtbar dafür, ist eine ausreichende Vorsorge. Finanziell kann sich der Schritt sogar lohnen, weil Sie neben der Rente unbegrenzt dazuverdienen dürfen.

Zurzeit geht fast jeder zweite Mensch vor Beginn des regulären Renteneintrittsalters in Rente. Aber auch jüngere Menschen denken bereits an ein mögliches früheres Ende ihres Berufslebens. Dafür gibt es viele Gründe und Motivationen. Wie sieht es bei Ihnen aus? Vielleicht arbeiten Sie in einem körperlich anstrengenden Job und verkraften die Belastung durch Schichtdienst oder schwere körperlicher Arbeit nicht? Oder aber Sie möchten mehr Zeit für Hobbys haben und erhoffen sich durch ein früheres Ausscheiden aus dem Arbeitsleben mehr Lebensqualität?

Was auch immer Sie antreibt: Prüfen Sie realistisch, wann und zu welchen Konditionen Sie frühestens Rente beantragen können und ob der Rentenbetrag für Ihren Lebensunterhalt reicht.

Zur Verwirklichung Ihres Money Goals braucht es also einen konkreten Plan. Damit Sie den aufstellen können, müssen Sie sich zunächst Klarheit verschaffen: Wie wichtig ist es Ihnen, früher in Rente zu gehen? Was genau ist Ihre Motivation? Sind Sie bereit und in der Lage, für ein Ausscheiden aus dem Arbeitsleben finanzielle Einbußen in Kauf zu nehmen? Falls Sie sich nicht einschränken wollen: Sorgen Sie zusätzlich vor beziehungsweise bauen Sie privat Vermögen auf, um die Rentenlücke zu schließen.

Je smarter geplant, desto bequemer der Weg

Damit Sie vernünftig planen können, ist es besonders wichtig, sich schon früh mit dem Thema „vorzeitige Rente" vertraut zu machen.

Ebenso wichtig ist die Frage, wann genau Sie in Rente gehen wollen. Informieren Sie sich, wann Sie die notwendigen Voraussetzungen für einen vorzeitigen Renteneintritt erfüllen. In der Regel ist das mit 63 Jahren der Fall, wenn Sie Abzüge in Kauf nehmen. Die Altersgrenze für besonders langjährig Beschäftigte variiert je nach Geburtsjahrgang.

Beispiel: Wer im Jahr 1958 geboren ist, konnte frühestens mit 64 Jahren abschlagsfrei in Rente gehen, ab dem Geburtsjahrgang 1964 gilt die Altersgrenze von 65 Jahren.

Aus Ihren ehrlichen Antworten auf die essenziellen Fragen ergibt sich ein smarter, konkreter Plan. Sie können überlegen, wie Sie mit den finanziellen Nachteilen (Abschlägen) bei der gesetzlichen Rente umgehen wollen.

Werden Sie mit weniger Rente auskommen können? Oder wollen Sie die Lücke mit zusätzlichem Ansparen über das Pantoffel-Portfolio oder durch den Erwerb von Rentenpunkten ausgleichen? Dann könnten Sie als konkretes Ziel vielleicht so formulieren:

Beispiel: „Ich will in zehn Jahren in Rente gehen und die absehbaren Abschläge ausgleichen. Dafür werde ich im Lauf der nächsten zehn Jahre freiwillige Einzahlungen in die Rentenkasse leisten, die den Verlust an Rentenpunkten ausgleichen."

BUCHTIPP: Das „Renten-Set" der Stiftung Warentest hilft auf praktische Weise, den bald nahenden Ausstieg aus dem Arbeitsleben zu planen. Wann kann ich in Rente gehen? Kann ich mir die Frührente leisten? Wie lässt sich der Ruhestand finanziell optimieren – etwa durch freiwillige Rentenbeiträge oder einen Nebenjob? Das Buch unterstützt auch beim Ausfüllen des Rentenantrags und hilft beim Verstehen des Rentenbescheids. Zudem verschafft es einen Überblick über anfallende Steuern und Abgaben. Mit Checklisten und Formularen zum Heraustrennen und Herunterladen. Erhältlich unter test.de/shop.

Frührente mit und ohne Abschlag: Wann können Sie gehen?

Sie müssen nicht bis zu Ihrem 67. Lebensjahr auf die Rente warten. Ein früherer Ausstieg mit Abzügen ist schon ab 63 möglich. Bei 45 Versicherungsjahren können Sie mit 65 sogar abschlagsfrei in den Ruhestand gehen.

Noch in den Jahren nach der Jahrtausendwende ging man mit 65 Jahren in Rente. Wegen des demografischen Wandels hat sich das geändert. Für alle Menschen ab dem Jahrgang 1964 ist die „Rente mit 67" Realität. Das ist die sogenannte Regelaltersgrenze. Allerdings gibt es auch Möglichkeiten, früher in den Ruhestand zu gehen. Wann Sie Rente frühestens beziehen können, hängt von der Anzahl Ihrer Versicherungsjahre und Ihrem Alter ab.

Für eine Rente als „langjährig Versicherter" müssen Sie mindestens 35 Versicherungsjahre nachweisen können und mindestens 63 Jahre alt sein. Allerdings nehmen Sie dann für den früheren Rentenbeginn hohe Abschläge in Kauf: Für jeden Monat, den Sie vor Ihrem regulären Renteneintritt in Rente gehen, werden Ihnen 0,3 Prozent bei der Rentenhöhe abgezogen, maximal also 14,4 Prozent. Die Frührente ohne Abschläge gibt es nur für besonders langjährig Versicherte, also für Versicherte mit mindestens 45 Versicherungsjahren. Hier liegt das Mindestalter aber höher. Es steigt je nach Geburtsjahrgang bis auf 65 Jahre. Für 1960 Geborene etwa liegt es bei 64 Jahren und 4 Monaten.

45 Jahre Versicherungszeit – das klingt viel. Allerdings relativiert sich das, weil nicht nur Zeiten aus sozialversicherungspflichtiger Beschäftigung angerechnet werden, sondern zum Beispiel auch Kindererziehungszeiten, Wehr- und Ersatzdienst. Die Versicherungsjahre in der Rentenversicherung setzen sich zusammen aus Zeiten, in denen Sie gear-

Quelle: Deutsche Rentenversicherung

Wann in Rente – und wann in Frührente?

Wann in Rente?

Die Regelaltersgrenze steigt je nach Geburtsjahrgang schrittweise auf 67 Jahre an.

Geburtsjahr	Regulärer Rentenbeginn ab einem Alter von ...
1957	65 Jahren + 11 Monaten
1958	66 Jahren
1959	66 Jahren + 2 Monaten
1960	66 Jahren + 4 Monaten
1961	66 Jahren + 6 Monaten
1962	66 Jahren + 8 Monaten
1963	66 Jahren + 10 Monaten
Ab Jahrgang 1964	67 Jahren

Wann in Frührente?

Das Alter für den Beginn der Rente für besonders langjährig Versicherte mit 45 Versicherungsjahren steigt.

Geburtsjahr	Ungekürzt ab	Rentenbeginn (Monat/Jahr)
1958	64	01/2022-01/2023
1959	64 + 2 Monate	03/2023-03/2024
1960	64 + 4 Monate	05/2024-05/2025
1961	64 + 6 Monate	07/2025-07/2026
1962	64 + 8 Monate	09/2026-09/2027
1963	64 + 10 Monate	11/2027-11/2028
1964	65	01/2029-01/2030
Ab 1965	65	Ab 2030 immer nach dem 65. Geburtstag

beitet und Beiträge gezahlt haben, und Zeiten, in denen Sie aus verschiedenen Gründen nicht arbeiten konnten. Beitragsfreie Jahre wie Schulbesuch oder Studium werden als beitragsfreie Zeiten zu den Anrechnungszeiten gezählt. Allerdings nicht für jede Rente. Für die Mindestversichertenzeit von langjährig Versicherten (35 Jahre) zählen sie mit, für die Rente für besonders langjährige Versicherte (45 Jahre) jedoch nicht. Ob Sie Voll- oder Teilzeit gearbeitet haben, spielt für die Anrechnung der Versicherungsjahre keine Rolle, sondern hat nur Einfluss auf die zu erwartende Rentenhöhe.

Rente nach 45 Jahren: Was wird berücksichtigt?

Den wesentlichen Anteil machen Pflichtbeiträge für eine Beschäftigung oder selbstständige Tätigkeit aus. Dazu kommen Beiträge für Minijobs, die Sie zusammen mit Ihrem Arbeitgeber gezahlt haben. Beiträge für Minijobs, die Ihr Arbeitgeber allein gezahlt hat, werden nur anteilig berücksichtigt.

Auch Pflichtbeiträge und Berücksichtigungszeiten für die Erziehung eines Kindes bis zum 10. Geburtstag und Zeiten der nicht erwerbsmäßigen Pflege, Wehr- und Zivildienstpflicht werden angerechnet.

Pflichtbeiträge oder Anrechnungszeiten wegen des Bezugs von Sozialleistungen (zum Beispiel Krankengeld) gelten ebenfalls für die 45-Jahre-Regel.

Sozialleistungen der Agentur für Arbeit in den letzten zwei Jahren vor Rentenbeginn werden dagegen nur berücksichtigt, wenn die Leistung wegen Insolvenz oder vollständiger Geschäftsaufgabe des Arbeitgebers gezahlt wurde.

Freiwillige Beiträge werden mitgezählt, allerdings erst, wenn mindestens 18 Jahre Pflichtbeiträge vorhanden sind. Ersatzzeiten wie zum Beispiel Monate der politischen Verfolgung in der DDR sind ebenfalls anzurechnen.

Rente nach 35 Versicherungsjahren: Was wird berücksichtigt?

Für die Berechnung der 35 Jahre werden alle Monate zusammengerechnet, in denen Sie in der gesetzlichen Rentenversicherung versichert waren. Dies sind unter anderem Beiträge aus einer Beschäftigung oder selbstständigen Tätigkeit. Unter bestimmten Voraussetzungen zählen auch Monate, in denen Sie Krankengeld, Arbeitslosengeld, im Zeitraum von Januar 2005 bis Dezember 2010 Arbeitslosengeld II oder Übergangsgeld bezogen haben. Dazu kommen freiwillige Beiträge, die Sie allein gezahlt haben, oder Kindererziehungszeiten für die ersten 2,5 beziehungsweise 3 Lebensjahre. Auch Monate der nicht erwerbsmäßigen häuslichen Pflege und Monate aus einem Versorgungsausgleich bei Scheidung werden ebenso angerechnet wie Beiträge für Minijobs, die Sie zusammen mit Ihrem Arbeitgeber gezahlt haben. Auch Monate aus einem Rentensplitting unter Ehegatten oder eingetragenen Lebenspartnern sowie Zeiten aus Schule und Hochschule gelten mit. Schließlich gibt es noch anrechenbare Ersatzzeiten (zum Beispiel Monate der politischen Verfolgung in der DDR) oder Anrechnungszeiten, in denen Sie aus persönlichen Gründen keine Rentenversicherungsbeiträge zahlen können (Krankheit, Schwangerschaft, Arbeitslosigkeit) sowie auch Berücksichtigungszeiten etwa Erziehung eines Kindes, unter zehn Jahren.

Anwartschaften ermitteln und Zusatzversorgung berücksichtigen

Ab dem 55. Lebensjahr bekommen Sie alle drei Jahre eine ausführliche Rentenauskunft. Wir empfehlen, sich zusätzlich direkt an die Deutsche Rentenversicherung zu wenden und einen Beratungstermin zu vereinbaren, um ganz sicher zu sein, ob und wann Sie die 35 oder 45 Versicherungsjahre erreicht haben oder erreichen werden. Bedenken Sie: Auch für die Ermittlung der Rentenhöhe kommt es auf jeden Monat an.

Im zweiten Schritt ermitteln Sie dann die zu erwartende Rentenhöhe, zunächst ohne und – falls Sie „nur" die 35 Versicherungsjahre voll bekommen – dann mit Abschlag.

Beispiel: Sie sind im Dezember 1964 geboren, gehören also zum ersten Jahrgang, der regulär mit 67 in Rente geht. Nach 35 Versicherungsjahren haben Sie die Möglichkeit, bereits mit 63 Jahren in Rente zu gehen. Dafür akzeptieren Sie im Monat einen Abschlag bei der Rente von 0,3 Prozent. Bei Renteneintritt mit 63 macht das insgesamt 14,4 Prozent; bei Rentenstart mit 65 beträgt der Abschlag 7,2 Prozent.

Erwarten Sie neben der gesetzlichen Rente noch andere Renteneinkommen? Sowohl die Auszahlung einer Riester- als auch einer Betriebsrente kann vor Beginn der Regelaltersgrenze beginnen. Bei Riester-Verträgen, die vor dem Jahr 2012 abgeschlossen wurden, kann die Rente mit 60 anfangen, bei späteren Verträgen mit 62 Jahren.

Eine Betriebsrente beginnt meist zeitgleich mit der gesetzlichen Frührente. Darauf haben Beschäftigte einen Anspruch nach dem Betriebsrentengesetz. Die Rente kann aber auch früher oder später starten.

Wenn Sie über ein Versorgungswerk versichert sind, können Sie Ihre Zusatzrente in der Regel so früh abrufen wie Ihre gesetzliche Rente. Dies gilt beispielsweise für die Versorgungsanstalt des Bundes und der Länder (VBL). Sie gibt es mit Abschlägen frühestens ab 63. Wie bei der gesetzlichen Rente gilt auch hier ein Abschlag von 0,3 Prozent je vorgezogenem Monat. Doch der Abschlag ist auf 10,8 Prozent gedeckelt. Das haben die Tarifvertragsparteien vereinbart.

Beispiel: So muss ein 1964 geborener Angestellter im öffentlichen Dienst mit 14,4 Prozent Abschlag rechnen, wenn er mit 63 statt regulär mit 67 Jahren seine gesetzliche Rente bezieht. Bei seiner VBL-Rente beträgt der Abschlag nur 10,8 Prozent. Ebenso ist es bei kirchlichen Versorgungswerken.

Rentenzeit ansparen: Die Altersteilzeit

Einen gleitenden Übergang vom Job in die Rente ermöglicht die Altersteilzeit – bis 2009 gab es sie sogar mit staatlicher Förderung. Während Sie nach 35 Versichertenjahren und mit Abschlägen frühestens mit 63 Jahren in Rente gehen können, ist per Altersteilzeit auch ein früherer Ausstieg möglich. Dafür reduzieren Sie Ihre Arbeitszeit zum Beispiel über vier Jahre. In den ersten beiden Jahren arbeiten Sie dann Vollzeit und bekommen nur ein Teilzeitgehalt ausbezahlt, das Ihr Arbeitgeber um 20 Prozent aufstocken muss. Im dritten und vierten Jahr profitieren Sie vom passiven Teil der Altersteilzeit – Sie bekommen dann das aufgesparte und aufgestockte Teilzeitgehalt, ohne zu arbeiten. Die Altersteilzeit hat auch Auswirkungen auf die Rentenhöhe, weil weniger in die Rentenkasse eingezahlt wird. Zwar übernimmt der Arbeitgeber 80 Prozent der bisherigen Rentenbeiträge, aber es bleiben Einbußen. Rechnen Sie sich den späteren Rentenanspruch genau durch, bevor Sie Altersteilzeit beantragen.

Voraussetzung für eine Altersteilzeit: Sie sind mindestens 55 Jahre alt, waren innerhalb der letzten fünf Jahre vor Beginn der Altersteilzeit mindestens 1080 Kalendertage (drei Jahre) sozialversicherungspflichtig beschäftigt, und die Altersteilzeit dauert so lange, bis Sie regulär in Rente gehen können. Viele Betriebe bieten solche Modelle an, einen rechtlichen Anspruch darauf haben Sie jedoch nicht. Allerdings ist die Altersteilzeit noch immer in vielen Tarifverträgen und Betriebsvereinbarungen geregelt. Falls Ihr Betrieb nicht tarifgebunden ist, müssen Sie individuelle Vereinbarungen mit Ihrem Arbeitgeber treffen.

Abschläge gezielt ausgleichen

Wer früher in Rente gehen will, muss Abschläge in Kauf nehmen. Diese Abschläge lassen sich jedoch ausgleichen – durch den Kauf von Rentenpunkten, private Sofortrenten oder langfristiges Ansparen mit dem Pantoffel-Portfolio.

Je früher Sie mit der Altersvorsorge beginnen, desto einfacher können Sie die Rentenlücke schließen. Aber nicht alle Menschen beginnen in jungen Jahren mit dem Ansparprozess. Ab und an mangelt es am nötigen Kleingeld, oder andere Projekte gehen vor. Manchmal fehlt es am nötigen Bewusstsein, weil die Rente noch so fern liegt. Aber es ist nie zu spät. Kurz vor Rentenbeginn können Sie sich noch regelmäßige Auszahlungen im Alter sichern bzw. Ihren Rentenbetrag so aufstocken, dass sie auch bei frühzeitigem Renteneintritt reicht. Wenn Sie ein wenig Kapital angespart, geerbt oder eine Lebensversicherung ausbezahlt bekommen haben, dann können Sie wählen: Entweder Sie verwalten das Geld selbst und investieren es – zum Beispiel in ein Pantoffel-Portfolio (siehe S. 80). Dann können Sie sich per Entnahmeplan (siehe ab S. 135) eine Zusatzrente auszahlen. Oder aber Sie zahlen freiwillig und in der Regel steuersparend in die gesetzliche Rente ein und kaufen Rentenpunkte, um Ihre gesetzliche Rente aufzustocken. Oder Sie investieren in eine private Sofortrente.

Freiwillige Einzahlung in die gesetzliche Rente

Der Kauf von Rentenpunkten ist für Selbstständige, Freiberufler und Freiberuflerinnen, Beamte und Beamtinnen und auch für Angestellte unter bestimmten Voraussetzungen möglich. Für einen Rentenpunkt müssen Sie im Jahr 2025 genau 9391,70 Euro aufwenden. Der zusätzliche Rentenpunkt ist im Jahr 2025 40,79 Euro wert, aber der Wert steigt jedes Jahr weiter an. Zudem profitieren Sie bei einem relativ hohen Einkommen von hohen Steuervorteilen. Denn die zusätzlichen Einzahlungen reduzieren Ihr steuerpflichtiges Einkommen. Im Gegenzug müssen Sie jedoch in der Rentenphase auf die Auszahlungen Steuern und Kranken- und Pflegekassenbeiträge zahlen.

Freiwillige Einzahlungen in die Rentenkasse garantieren im Alter einen lebenslangen Geldfluss ohne großen Aufwand. Die Rente ist planbar, verlässlich und bietet durch Rentenanpassungen einen Inflationsschutz sowie für Ehepartner einen Hinterbliebenenschutz. Allerdings haben Sie während des Berufslebens und auch zu Rentenbeginn keinen Zugriff mehr auf das einmal eingezahlte Geld, und es kann auch nicht vererbt werden. Ob sich die freiwilligen Einzahlungen für Sie lohnen, hängt von Ihrer Lebensdauer ab. Wir haben nachgerechnet: Je nach steuerlicher Belastung in der Einzahl- und Auszahlphase haben Sie Ihre Einmalzahlung durch Rentenzahlungen ungefähr 18 bis 20 Jahre nach Rentenbeginn wieder raus. Wenn Sie länger leben, haben Sie einen guten Deal gemacht.

Private Sofortrente

Deutlich länger als bei der gesetzlichen Rente müssen Sie bis zum „Break-even" warten, wenn Sie eine private Sofortrente abschließen. Zahlreiche Versicherer bieten diese Variante an. Sie zahlen dabei einmalig eine größere Summe in eine Rentenversicherung ein, die sofort beginnt und bis ans Lebensende fließt. Die Höhe der monatlichen Rente ist bei Rentenbeginn eher bescheiden. Sie kann durch Überschüsse bei den Versicherungen im Laufe der Zeit steigen. Stiftung Warentest hat im Jahr 2024 20 Policen unter die Lupe genommen. Eine 65-jährige Modellkundin konnte dabei für 100 000 eingezahlte Euro zu Beginn garantiert zwischen 258 und 284 Euro erwarten. Um ihre Einzahlungen zu amortisieren, müsste sie mehr als 90 Jahre alt werden. Die Sofortrente ist also nur bei extremer Langlebigkeit ein gutes Geschäft.

Zusatzvorsorge mit dem Pantoffel-Portfolio

Ob gesetzliche Rente oder private Sofortrente: Beide Varianten machen sich nur dann wirklich bezahlt, wenn Sie lange leben. Andernfalls ist die Rente ein Verlustgeschäft, selbst wenn Hinterbliebene weiter eine gewisse Versorgung haben. Wer das nicht will, kann auch zur Rente noch eine Einmalzahlung ins Pantoffel-Portfolio vornehmen und nach Eintritt der Rente einen privaten Entnahmesparplan anlegen. Dafür gibt es verschiedene Möglichkeiten, mit oder ohne Kapitalverzehr (siehe Kapitel 11). Das Pantoffel-Portfolio ist zwar mit etwas mehr Aufwand verbunden als die automatisierten Rentenzahlungen, hat aber mehrere Vorteile: So profitieren Sie auch in der Rentenzeit von der Entwicklung an den Kapitalmärkten und können Ihre privaten Entnahmen möglicherweise deutlich steigern. Selbst ohne Kapitalverzehr fallen die regelmäßigen Entnahmen, wenn sich die Kapitalmärkte wie in den vergangenen Jahrzehnten entwickeln, kaum geringer aus als bei Rentenzahlungen. Außerdem bleiben Sie flexibel und können jederzeit einen kleineren oder größeren Betrag abheben, etwa für den altersgerechten Ausbau Ihrer Immobilie. Und schließlich freuen sich Ihre Erben: Denn in der Regel bleibt nach Ihrem Ableben noch ein größerer Betrag im Pantoffel-Portfolio für sie übrig. (siehe Kapitel 12).

Job und vorgezogene Rente kombinieren

Wenn der frühere Renteneintritt aufgrund der zu hohen Abschläge nicht zu verwirklichen ist, kann Frührente in Kombination mit einem Job in Teilzeit oder Vollzeit eine interessante Alternative sein. Seit Anfang 2023 wird der Hinzuverdienst nicht mehr auf die Rente angerechnet. Das heißt: Sie dürfen neben dem Rentenbezug unbegrenzt dazuverdienen. Nur für Bezieher von Erwerbsminderungsrenten gibt es weiterhin Grenzen. Die liegen bei 17 824 Euro und 35 648 Euro bei voller beziehungsweise teilweiser Erwerbsminderung. Lohn oder Gehalt plus Frührente sind ein Booster fürs Einkommen. Bis zum Erreichen der regulären Rentenaltersgrenze sind Sie dann weiterhin rentenversicherungspflichtig. Sie zahlen weiter in die Rentenkasse ein und können Ihren Rentenanspruch erhöhen. Doch das hat auch Nachteile. Zum einen steigt die steuerliche Belastung, da sich der Rentenbetrag zum Einkommen addiert. Sie sind zur Abgabe einer Steuererklärung verpflichtet und müssen mit einer Nachzahlung rechnen. Zum anderen fällt die vorgezogene Rente eventuell deutlich niedriger aus. Denn wenn Sie keine 45 Versicherungsjahre nachweisen können, müssen Sie Abschläge hinnehmen. Und während das Erwerbseinkommen irgendwann dann doch versiegt, bleibt das Minus in der gesetzlichen Rente lebenslang.

Stiftung Warentest hat das Modell „Frührente plus Job" an zwei Modellfällen durchgerechnet. Ergebnis: Trotz Renteneinbußen kann sich das Modell auch langfristig lohnen. Eine „Besserverdienerin" mit 5392 Euro brutto und 3300 Euro netto verdient in der Kombi Frührente und Job in den Jahren bis zum regulären Renteneintritt so viel Geld zusätzlich, dass sie damit trotz höherer Steuern und Abgaben die geringere Frührente 27 Jahre lang kompensieren kann. Erst im Alter von 90 plus wäre sie mit der regulären Rente finanziell besser gefahren.

Noch vorteilhafter sieht die Rechnung für Normalverdiener aus, die nach 45 Versicherungsjahren abschlagsfrei in Rente gehen. Wenn sie die

Vergleich Sofortrente/ ETF-Auszahlplan

Mit einer Sofortrente können Sie sich eine garantierte lebenslange Auszahlung verschaffen. Diese Sicherheit geht aber auf Kosten der möglichen Rendite. Für die meisten Menschen sind ETF-Auszahlungspläne attraktiver.

	Sofortrente	ETF-Pantoffel-Auszahlplan
Sicherheit	↑ Die Mindestrente ist nicht hoch, doch sie ist lebenslang sicher. Ihnen ist diese Sicherheit wichtiger als Rendite.	↓ Eine lebenslange Zahlung ist nicht garantiert, wenn Sie älter werden als geplant. Rentenzahlungen können sinken.
Chance auf mehr	→ Der Versicherer muss Sie an Überschüssen beteiligen, die er mit Ihrem Geld erwirtschaftet. In Niedrigzinsphasen gibt es kaum welche.	↑ Sie profitieren von den Renditechancen der Aktienmärkte. Ihre Rente wird mit großer Wahrscheinlichkeit steigen.
Flexibilität	↓ Sie müssen sich im Alter nicht aktiv um diese Vermögensanlage kümmern, sind damit aber nur noch wenig flexibel.	↑ Sie können Ihren Auszahlplan jederzeit ändern und sich auch später für eine Sofortrente entscheiden.
Kosten	↓ Mittel bis hoch.	↑ Die Kosten einer Anlage in Tagesgeld und ETF sind minimal.
Steuern in der Auszahlphase	↑ Von Ihrer Rente wird nur der Ertragsanteil besteuert. Seine Höhe richtet sich nach Ihrem Alter bei Rentenbeginn. Beginnt die Rente mit 65 Jahren, sind 18 Prozent steuerpflichtig.	→ Auf die in den Auszahlungen enthaltenen Erträge Ihrer Geldanlage zahlen Sie 25 Prozent Kapitalertragssteuer plus Soli und eventuell Kirchensteuer.
Kapitalwahlrecht	↓ Bieten nur wenige Versicherer an. Eine Kapitalzahlung ist mit Einbußen verbunden.	↑ Sie behalten die Hoheit über Ihr Geld und können jederzeit größere Summen nutzen.
Hinterbliebenenschutz	→ Sie können für Hinterbliebene eine zeitlich befristete Rentengarantie oder eine Kapital- oder Beitragsrückgewähr vereinbaren. Dies schmälert aber Ihre Altersrente.	↑Sterben Sie, bekommen Ihre Hinterbliebenen den Rest Ihres Vermögens.

Frührente beantragen und parallel zum Rentenbezug bis zum Erreichen der Regelaltersgrenze weiterarbeiten, profitieren sie nicht nur vom Einkommensbooster „Job und Rente", sondern können gleichzeitig ihren langfristigen Rentenanspruch erhöhen. Deshalb unser Rat: Wer weiterarbeiten möchte und bereits Rente nach 45 Beitragsjahren abschlagsfrei beantragen kann, sollte die Frührente auf jeden Fall beantragen!

Künftig könnte die Kombination Rente und Job noch attraktiver werden. Die neue Bundesregierung unter Friedrich Merz will finanzielle Anreize für Ältere schaffen, länger im Job zu bleiben. Laut Koalitionsvertrag von CDU/CSU und SPD sollen Rentner bis zu 2000 Euro im Monat neben der Rente steuerfrei dazuverdienen dürfen. Mit der sogenannten Aktivrente will die Bundesregierung dem Fachkräftemangel entgegentreten. Denn bis 2036 werden fast 20 Millionen Babyboomer in Rente gehen – und viele von ihnen arbeiten in sogenannten Mangelberufen. Den steuerfreien Gehaltsbooster soll es aber nur dann geben, wenn das reguläre Renteneintrittsalter erreicht ist!

So gehen Sie vor

Kurz vor dem Ziel sollten Sie prüfen, ob Sie alles so vorbereitet haben, dass Sie die gesetzliche Rente in Anspruch nehmen können – und gegebenenfalls noch neben der Rente zu lukrativen Konditionen weiterarbeiten.

Checken Sie Ihren Bedarf und Ihre Anwartschaften Wie viel Geld benötigen Sie im Monat, um komfortabel über die Runden zu kommen? Planen Sie großzügig, weil die Kosten steigen und Sie Spielraum für unvorhergesehene Ausgaben haben sollten. Und dann prüfen Sie, ob Sie mit der avisierten Rente finanziell über die Runden kommen – auch wenn Sie einen Abschlag in Kauf nehmen müssen. Haben Sie Anspruch auf Betriebsrenten oder Riester-Renten, die die Frührente aufpeppen können und auch zeitgleich abrufbar sind? Ziehen Sie alle Anwartschaften zusammen und gleichen Sie die Summe mit Ihrem Bedarf ab. Steht vor dem Ergebnis ein Minus? Dann müssen Sie bis zum Renteneintritt privat vorsorgen – oder Ihre Rentenpläne noch einmal auf den Prüfstand stellen. Vielleicht können Sie nach Beginn der Frührente weiterarbeiten, eventuell auch in Teilzeit?

Wollen Sie neben dem frühzeitigen Rentenbezug weiterarbeiten? Die finanziellen Rahmenbedingungen für einen Nebenjob in der Rente sind heute besser denn je. Fragen Sie sich, ob das für Sie infrage kommt – aus finanziellen Gründen, aber auch um noch gebraucht zu werden. Finanziell besonders günstig könnte es sein, wenn Sie neben der Rente weiterarbeiten und unter Umständen nach Beginn der regulären Rentenzeit von der Aktivrente profitieren.

Stellen Sie rechtzeitig Ihren Rentenantrag Die Rente kommt nicht automatisch. Ob Frührente oder regulärer Renteneintritt: Sie müssen einen Antrag stellen. Dabei gilt eine Antragsfrist von drei Monaten, sobald die Voraussetzungen erfüllt sind. Achtung: Die Rente kann erst ab dem Antragsmonat beginnen!

Ich will finanzielle Freiheit erreichen

10

Träumen ist erlaubt

Finanziell sorgenfrei sein! Dieses Ziel ist für viele Menschen schwerer zu erreichen, als es Finfluencer und Co. versprechen. Für ein Einkommen von 4000 Euro bräuchte man 1,5 bis 2 Millionen Euro Vermögen. Vergeblich für viele! Aber auch 100 000 Euro im Pantoffel-Portfolio können den Ruhestand erheblich erleichtern.

Laszlo Hanyecz könnte heute Dollar-Milliardär sein. Aber vor gut 15 Jahren, am 22. Mai 2010, hatte der IT-Nerd Hunger. Deshalb bot er demjenigen, der ihm zwei Pizzen im Wert von rund 40 US-Dollar kaufen und vorbeibringen würde, 10 000 frisch geschürfte Bitcoins als Gegenleistung. Ein Gamer aus Hanyecz' Online-Community nahm das Angebot an und lieferte. Dieser Tag ging als Bitcoin Pizza Day in die Geschichte ein und wird seitdem jährlich als erste reale Bitcoin-Transaktion gefeiert. Damals steckte die neue Krypto-Währung Bitcoin noch in den Kinderschuhen und hatte keinen wirklichen Wert. Im Jahr 2024 überstieg der Wert eines einzigen Bitcoins die 100 000-US-Dollar-Marke. Laszlo Hanyecz wäre jetzt Milliardär und könnte genießen, was Millionen Menschen als Ihren Wunschtraum bezeichnen: absolute finanzielle Freiheit. Aber: Wer auf Kryptowährungen setzen würde, begäbe sich auf ein hochspekulatives Terrain – das zeigen die Wertschwankungen der vergangenen Jahre. Freiheit und Sicherheit bleiben für vergleichsweise „schwache" Einkommen komplett auf der Strecke.

Der Begriff „finanzielle Freiheit" ist in aller Munde. „Finanzielle Freiheit" oder auch „Leben vom passiven Einkommen" scheint ein äußerst verlockendes Versprechen vor allem für jüngere Generationen zu sein. „Finfluencer" und „Money Coaches" winken mit vermeintlich todsicheren Rezepten und Wegen zum großen Ziel. Dabei profitieren sie davon, dass jeder und jede in den Begriff „Finanzielle Freiheit" die eigenen Vorstellungen hineinprojizieren kann. Was aber wirklich unter finanzieller Freiheit zu verstehen und wie beschwerlich der Weg dahin gemeinhin ist, bleibt bei den Money Coaches auf Youtube und auch in iren teuren Präsenzseminaren oft merkwürdig unklar. Das hat einen guten Grund: Wenn unter finanzieller Freiheit ein Schwelgen in Luxus und mit zig Millionen auf dem Konto gemeint ist, dann wird es den meisten nicht vergönnt sein. Es sei denn, Sie sind erfolgreicher Fußballprofi, Millionenerbe oder Unternehmer mit verkaufsreifem Geschäft oder aber ein Bitcoin-Pionier, der sich nicht zwischenzeitlich vom Hunger übermannen ließ.

Totale finanzielle Freiheit – ein großes Ziel

Wer finanziell völlig frei sein will, braucht extreme Disziplin, ein hohes Einkommen, sparsame Lebensformen und auch Glück und Geschick bei der Geldanlage.

Die absolute finanzielle Freiheit ist also eher eine Illusion. Vielleicht sollten Sie die finanzielle Freiheit für sich etwas realistischer definieren. Etwa: Ich habe finanzielle Freiheit, wenn ich aus den Erträgen meines Vermögens meinen Lebensunterhalt dauerhaft bestreiten kann, ohne dafür auf regelmäßige Arbeit angewiesen zu sein. Das ist ein Ziel, das sich die sogenannte FIRE-Bewegung in den USA schon in den 1990er-Jahren gegeben hat. FIRE steht für „Financial Independence, Retire Early" oder auf Deutsch „finanzielle Unabhängigkeit, frühe Rente". Nach diesem Prinzip wird in jungen Jahren ein großer Teil des Nettoeinkommens gespart und möglichst rentierlich angelegt. So soll die finanzielle Unabhängigkeit schon Jahre oder gar Jahrzehnte vor der Rente erreicht werden.

In Deutschland noch bekannter als die FIRE-Bewegung ist das Prinzip des „Frugalismus". Frugalisten sind sehr sparsame Menschen, deren Ziele die finanzielle Unabhängigkeit, ein frühzeitiger Ruhestand ohne finanzielle Sorgen und mehr Lebensqualität beziehungsweise Zeit für sinnvolle Dinge außerhalb der Arbeit sind. Frugalisten sind bereit, ihren

Traum von der finanziellen Freiheit mit großen Einschränkungen in der Ansparphase zu finanzieren und schon von einem durchschnittlichen Einkommen einen großen Teil zurückzulegen. Das Prinzip des Frugalismus ist die Beschränkung auf das absolut Notwendige. Hedonisten mit einem ausgeprägten Sinn für die schönen Dinge des Lebens (und damit einhergehenden Ausgaben) können dem Prinzip wenig abgewinnen.

Sparsamkeit allerdings genügt Frugalisten kaum, um ihr ambitionierteres Ziel zu erreichen. Notwendig sind neben dem Willen und eiserner Disziplin auch ein mindestens überdurchschnittliches Einkommen oder ein üppiges Erbe, die den Vermögensaufbau ermöglichen. Zudem sollte sich die Sparsamkeit mit einer gewissen Risikobereitschaft paaren. Denn nur wenn die angesparten Gelder auch ordentliche Renditen erwirtschaften und Anleger damit vom Zinseszins profitieren, ist ein sehr frühzeitiger Ausstieg möglich. Neben Tages- und Festgeld investieren Frugalisten daher den größten Anteil in Anlageprodukte wie Aktien-ETF, Aktien, Rohstoffe oder Immobilien.

Wie viel Geld brauchen Sie für finanzielle Freiheit?

Welches monatliche Einkommen aus Vermögenserträgen ist für die finanzielle Freiheit erforderlich? Das hängt maßgeblich davon ab, welchen Lebensstandard Sie in der Freiheitsphase anstreben. Kommen Sie als sparsamer Frugalist mit einem Bruttoeinkommen von 2000 Euro aus? Auch ohne eigene Immobilie und bei dramatisch gestiegenen Mietkosten? Das scheint kaum möglich, zumal Sie sich ja auch noch krankenversichern müssen. Realistischer scheint es, mit dem aktuellen deutschen Durchschnittseinkommen zu kalkulieren. Es liegt bei rund 50 000 Euro pro Jahr, mithin etwa 4000 Euro pro Monat.

Zudem sollten Sie sich die Frage stellen, mit welcher Lebenserwartung Sie kalkulieren wollen. Natürlich können Sie nicht wissen, welches Lebensalter Sie erreichen werden. Aber: Wenn Sie mit 50 Jahren die finanzielle Freiheit erreichen, liegt es nahe, dass das Geld für mindestens 30 Jahre halten sollte oder eher mehr. Denn das durchschnittlich zu erwartende Lebensalter der Deutschen liegt inzwischen schon bei knapp über 80 – Tendenz steigend.

Schließlich sollten Sie auch die Inflation in Ihre Berechnungen einbeziehen. In 20 Jahren verliert Ihr Geld bei einer Inflation von zwei Prozent gut 1300 Euro an Kaufkraft. Um dann Waren im Wert von heute 4000 Euro kaufen zu können, bräuchten Sie also knapp 6000 Euro.

Die 4-Prozent-Regel

Es gibt verschiedene Formen von Entnahmeplänen aus angespartem Vermögen, die wir Ihnen in Kapitel 11 vorstellen. Eine sehr einfache Form ist die sogenannte 4-Prozent-Regel. Diese Regel besagt, dass man bei einem ausgewogenen Depot aus Aktien- und Anleihefonds jährlich 4 Prozent des anfänglichen Vermögens entnehmen kann und das Geld mit dieser Strategie mit Sicherheit für 30 Jahre reichen sollte. Zudem können die Auszahlungen jährlich an die Inflation angepasst werden, um den Kaufkraftverlust auszugleichen und die Auszahlung real konstant zu halten. In den meisten Fällen bleibt auch nach 30 Jahren noch ein größerer Rest des Ursprungsvermögens erhalten. Auszahlungen nach der 4-Prozent-Strategie sind für Anlegerinnen und Anleger einfach zu berechnen. Wenn Sie in 20 Jahren 6000 Euro monatlich entnehmen wollen, verbrauchen Sie 72000 Euro im Jahr, die 4 Prozent Ihres Ausgangsvermögens entsprechen. 1 Prozent entspricht damit 18000 Euro. 100 Prozent und damit Ihr Zielvermögen wären demnach 1,8 Millionen Euro.

1,8 Millionen Euro sind eine Stange Geld. Wenn Sie diese Summe binnen 20 Jahren zwischen dem 30. und 50. Lebensjahr zusammensparen wollen, brauchen Sie neben eiserner Disziplin ein hohes Gehalt. Wir haben aufgrund von Vergangenheitsdaten ausgerechnet, wie hoch die Sparraten ausfallen mussten, um bei einer durchschnittlichen Sparplanentwicklung binnen 20 Jahren auf 100000 Euro zu kommen. Dabei reichten bei einem ausgewogenen Pantoffel mit 50 Prozent Tagesgeldanlagen und 50 Prozent Index-ETF auf den MSCI World durchschnittlich 226 Euro monatlich. Hochgerechnet auf das 1,8 Millionen-Euro-Ziel heißt das: Sie müssten monatlich rund 4000 Euro aufbringen. Dafür ist ein deutlich fünfstelliges Gehalt pro Monat notwendig.

Wie sicher erreichen Sie Ihr Ziel?

Für einen schnellen Vermögensaufbau in kurzer Zeit müssen Sie zudem hohe Risiken eingehen – ein hoher Aktienanteil ist erforderlich. Aber der Anlageerfolg ist bei einem kurzen Anlagehorizont sehr unsicher. Mit einem 100-prozentig auf den MSCI World ausgerichteten Portfolio könnten Sie in guten Aktienzeiträumen möglicherweise mit 3000 bis 3500 Euro pro Monat mit einem Sparplan zum Ziel kommen. Aber je höher der Aktienanteil im Depot ausfällt, umso schwankungsintensiver wird es sein. Wenn Sie dann Ihren Sparvorgang in einer Zeit sehr schwacher Börsenkurse beenden (etwa im Jahr 2009), verfehlen Sie Ihr Sparziel deutlich und müssen unter Umständen einige Jahre warten, bis das Ziel der finanziellen Freiheit erreicht wird. Überdies dürfte es fast allen Sparerinnen und Sparern beim besten Willen unmöglich sein, selbst 3000 oder 4000 Euro monatlich aufzubringen. Finanzielle Freiheit, wie wir sie bisher definiert haben, ist also letztlich nur für wenige erreichbar – selbst bei eiserner Disziplin und mit hohem Risiko.

Teilweise finanzielle Freiheit ist möglich

Sie müssen keine Million im Depot haben, um eine gewisse Freiheit zu genießen. Diese können Sie sich mit disziplinierter Anlagestrategie erarbeiten.

Aber vielleicht geht es auch einen Schritt kleiner? Ein ansehnliches Vermögen anzusparen ist durchaus möglich. Das zeigt die Stiftung Warentest mit ihrer Untersuchung „Sparziel 100 000 Euro". Wer zum Beispiel mit 30 anfängt, monatlich 226 Euro in ein Pantoffel-Portfolio mit einer Aktienquote von 50 Prozent zu sparen, hat mit 50 Jahren 100 000 Euro erreicht – mit 601 Euro monatlich funktioniert das auch in zehn Jahren. Mit einem offensiv ausgerichteten Portfolio wäre durchschnittlich sogar weniger monatlicher Einsatz erforderlich gewesen – 203 respektive 552 Euro.

Wer 200 000 Euro sparen will, verdoppelt die jeweiligen Sparbeträge. Es ist auch möglich, die Sparrate im Laufe der Zeit mit steigendem Einkommen zu erhöhen. Dabei ist allerdings zu bedenken, dass sich die frühzeitig eingezahlten Euro wegen des Zinseszinseffekts besonders stark in der Endabrechnung bemerkbar machen. Das ist ein zusätzliches Argument, möglichst früh mit dem Sparen für die Altersvorsorge zu beginnen – auch mit kleinen Beträgen. Aus den angesparten Summen lässt sich ein Zusatzeinkommen generieren, mit dem Sie entweder früher in Rente gehen können (siehe Kapitel 9) oder das ab dem 45. oder 50. Lebensjahr den Wechsel in eine Teilzeitarbeit ermöglicht, die Ihnen Zeit und Muße für andere Projekte eröffnet.

100 000 Euro mit einem Sparplan

Die Tabelle zeigt, wie viel Geld Sparer monatlich anlegen müssen, um 100 000 Euro zu erreichen – je nach Aktienquote, Laufzeit und Sparziel.

	Risiko		Monatlicher Sparbetrag (Euro), um folgendes Sparziel zu erreichen			
Aktienquote (%)	Schlechteste Einjahresrendite (%)	Schlechteste Endrendite (% p.a.)	Mindestens 100 000 Euro	Genau 100 000 Euro	Durchschnittlich 100 000 Euro	Bestenfalls 100 000 Euro
Anlagedauer 10 Jahre						
0	–	–	833	833	682	552
25	−12	0,5	813	787	668	478
50	−26	−2,6	947	850	601	400
75	−38	−5,8	1 109	882	552	330
100	−48	−9,2	1 305	881	506	273
Anlagedauer 20 Jahre						
0	–	1	393	393	273	192
25	−12	2,4	327	317	246	162
50	−26	2,5	323	291	226	128
75	−38	1,5	357	285	203	99
100	−48	0,4	402	282	182	77
Anlagedauer 30 Jahre						
0	–	1,3	227	227	152	98
25	−12	3,0	172	170	134	69
50	−26	4,3	138	129	118	49
75	−38	5,0	123	115	96	36
100	−48	4,7	128	110	77	27

Sparbeiträge, mit denen das Sparziel erreicht werden konnte. Untersuchungszeitraum: 31.12.1969 bis 30.06.2025.
Quelle: LSEG, eigene Simulationen.

Sicher Schritt für Schritt mit der SMART-Methode

Ein erheblicher Zuwachs an finanziellem Spielraum im Alter ist durchaus möglich. Dafür müssen die Ziele klar definiert und realistisch sein. Mit dem Pantoffel-Portfolio können Sie dann bei längeren Ansparzeiträumen ein solides Vermögen aufbauen.

Schritt 1 Definieren Sie zunächst klar Ihr Ziel und nutzen Sie die SMART-Methode. Welche Summe wollen Sie sich über welchen Zeitraum monatlich auszahlen? Streben Sie die völlige finanzielle Freiheit an und haben dafür in der Ansparphase die notwendigen Finanzmittel? Oder können Sie sich vorstellen, nebenbei noch Geld zu verdienen? Selbstbestimmt oder in Teilzeit? Leiten Sie daraus ab, welches Vermögen dafür erforderlich ist. Eine der wichtigsten Fragen ist, in welchem Zeitraum Sie dieses Vermögen aufbauen wollen. Haben Sie 15, 20 oder sogar 25 Jahre Zeit, können Sie offensivere Varianten des Pantoffel-Portfolios nutzen und von den tendenziell höheren Renditen an den Aktienmärkten profitieren. Achten Sie aber auch auf Ihre Risikotragfähigkeit: Wer bei zwischenzeitlichen Verlusten nicht mehr ruhig schlafen kann, sollte auf zu hohe Aktienquoten verzichten.

Schritt 2 Legen Sie die monatliche Anlagesumme fest, die Ihnen unter realistischen Annahmen das gewünschte Endvermögen einbringen kann. Nutzen Sie dabei die Berechnungen, die die Stiftung Warentest für verschiedene Formen des Pantoffel-Portfolios rückwirkend für die vergangenen 30 Jahre berechnet. Die Renditen liegen für den ausgewogenen Pantoffel bei verschiedenen Perioden von 5 bis 30 Jahren bei 5,5 bis 6,5 Prozent, beim offensiv ausgerichteten Pantoffel sogar bei 7,4 bis 8,9 Prozent pro Jahr. Da die Aktienmärkte seit 2010 insgesamt sehr gut abgeschnitten haben, könnten Sie als vorsichtiger Anleger auch einen Sicherheitsabschlag kalkulieren. Dann nehmen Sie zum Beispiel eine Durchschnittsrendite von 5 oder 6 Prozent an und steigern entsprechend Ihre Einzahlungsrate. Wie viel mehr Sie anlegen müssen, zeigen Ihnen unsere Sparplanrechner.

Schritt 3 Legen Sie das für Sie passende Pantoffel-Portfolio an und beginnen Sie mit dem Sparplan im gewünschten Aufteilungsverhältnis zwischen Sicherheits- und Renditebaustein. Im Kapitel 6 lesen Sie, wie Sie dabei im Detail vorgehen. Behalten Sie dabei die Entwicklung Ihrer Anlage im Auge. Bei starken Ausschlägen an den Aktienmärkten kann Ihr Pantoffel-Portfolio aus dem gewünschten Gleichgewicht geraten und bei starken Kurssteigerungen einen zu hohen Aktienanteil enthalten oder bei Kursstürzen einen zu geringen. Gleichen Sie in solchen Fällen das gewünschte Gewicht direkt oder über einen längeren Zeitraum wieder an. Wie Sie dabei vorgehen, lesen Sie ebenfalls in Kapitel 6.

Schritt 4 Wenn Sie Ihr Sparziel erreicht haben, kann es unter Umständen noch einmal auf den Prüfstand kommen. Ist die Sparphase gut gelaufen und Sie haben Ihr Ziel möglicherweise sogar vorzeitig erreicht? Dann könnten Sie sich fragen, ob Sie den Spartopf gegebenenfalls noch etwas länger füllen möchten, um anschließend monatlich eine höhere Geldsumme entnehmen zu können. Oder haben Sie die Nase voll von der Arbeit und möchten die Früchte genießen? Dann starten Sie direkt Ihren Entnahmesparplan. Dabei können Sie entweder die einfache 4-Prozent-Regel nutzen und sind damit sehr wahrscheinlich über die nächsten 30 Jahre auf der sicheren Seite und können Ihre Auszahlungen dabei sogar an die Inflation anpassen. Alternativ können Sie auch eines der elaborierteren Auszahlungsmodelle der Stiftung Warentest nutzen, die wir Ihnen im folgenden Kapitel 11 vorstellen.

Was kann schiefgehen, und was ist dann zu tun?

An der Börse gibt es keine Garantien. Und deshalb können Sie auch mit dem besten Sparplan unter Umständen Ihr Ziel verfehlen. Wir haben für verschiedene Szenarien ausgerechnet, wie sich Pantoffel-Portfolios entwickeln können. In den Planungen gehen wir von durchschnittlichen Renditen über die vergangenen 30 Jahre aus. Dabei hat es aber immer auch Perioden gegeben, in denen sich die Portfolios deutlich besser oder auch deutlich schlechter entwickelten. Je offensiver die Pantoffel-Portfolios ausgerichtet waren, umso stärker fielen die Ausschläge aus. Bei einer Spardauer von 20 Jahren reichten im Zeitraum zwischen 1970 und 2025 bei einer Aktienquote von 50 Prozent im Durchschnitt monatlich 226 Euro aus, um ein Sparziel von 100 000 Euro zu erreichen. Im besten Fall kamen Sparer schon mit 128 Euro zum Ziel. Im schlechtesten Fall mussten sie aber mit 323 Euro mehr als doppelt so viel aufwenden.

Vielleicht gehören Sie dereinst zu den Glücklichen, die von der positiven Abweichung profitieren und Ihr Sparziel eher erreichen. Falls Sie dagegen mit Ihrem Sparvorgang eine schwache Börsenzeit erwischt haben, müssen Sie Ihren Sparplan entweder etwas länger durchführen oder mit einer etwas geringeren monatlichen Auszahlung vorliebnehmen. Denken Sie auch daran, dass Sie auch nach dem Erreichen des Ziels in eine schlechte Börsenphase geraten und einen Teil des Vermögens wieder verlieren könnten. Wenn Sie diese Gefahr mindern wollen, können Sie zur Entnahmephase auch in einen etwas defensiveren Pantoffel wechseln – also zum Beispiel von der offensiven in die ausgewogene Variante. Ein völliger Verzicht auf Aktienanlagen in der Entnahmephase wäre allerdings kontraproduktiv, weil Sie dann auf die mittel- und langfristig besseren Renditen an den Börsen verzichten würden.

11 Ich will von meinen Ersparnissen leben

So bessern Sie die Rente kräftig auf

Wer diszipliniert angespart hat oder eine Auszahlung aus einer Versicherung oder einem Erbe erhalten hat, kann seine gesetzliche Rente deutlich aufpeppen. Das Pantoffel-Portfolio wird zur cleveren Pantoffel-Rente.

Absolute finanzielle Freiheit beim Eintritt in die Rente ist ein hehres Ziel. Aber selbst die meisten Anlegerinnen und Anleger, die in ihrer Berufskarriere ein durchschnittliches oder überdurchschnittliches Einkommen erwirtschaftet haben, schaffen es nicht. Und die meisten glauben auch gar nicht, dass das möglich ist. Sie wünschen sich eher im Alter ein attraktives Zusatzeinkommen. Ein solches Ziel ist auch für Durchschnittsverdienerinnen und -verdiener erreichbar: Wer bis zur Rente regelmäßig angespart hat und etwa ins Pantoffel-Portfolio investiert hat, kann seine gesetzliche Rente mit einem passiven Einkommen ordentlich aufpeppen.

Wenn Anlegerinnen und Anleger sich über Jahrzehnte ein Vermögen für den Ruhestand aufgebaut haben, könnten sie es sich sehr einfach machen und das Geld an eine Versicherung überweisen, die ihnen daraus eine monatliche Rente bis zum Tod zahlt. Versicherungsgesellschaften werben intensiv für dieses Konzept der Sofortrente. Viele Sparerinnen und Sparer wollen sich aber aus guten Gründen nicht auf dieses Modell einlassen. Denn die Kosten solcher Policen sind hoch, die Rendite vergleichsweise gering. Zudem sind diese Renten als Leibrenten konzipiert, somit bleibt für Kinder oder andere Erben nach dem Tod der Rentner oder Pensionäre nichts mehr übrig (siehe dazu auch Kapitel 12).

Im Regelfall deutlich lukrativer und vor allem sehr viel flexibler als Sofortrenten sind Entnahmepläne. Wenn Sie umsichtig vorgehen, erhalten Sie damit höhere monatliche Zuflüsse als bei privaten Rentenversicherungen. Gleichzeitig bleibt für die Erben meist noch etwas übrig. Wie das geht? Ganz einfach: Das bewährte Pantoffel-Portfolio der Stiftung Warentest (siehe Kapitel 6) wird dabei zum Pantoffel-Entnahmeplan. Mit der passenden Entnahmestrategie können Sie sich monatlich eine Zusatzrente auszahlen und behalten die Kontrolle über Ihr Vermögen in den eigenen Händen. Auch wenn Sie kurz vor der Rente durch eine Erbschaft, eine größere Abfindung des Arbeitgebers oder durch die Auszahlung einer Kapitallebensversicherung plötzlich in den Genuss einer großen Geldsumme gekommen sind, können Sie dieses Geld in einen Pantoffel-Entnahmeplan investieren.

Ihr Ziel: Exakt so lange will ich exakt so viel Geld entnehmen

Definieren Sie für sich, welche Entnahmen Sie im Rentenalter brauchen. Wägen Sie die Vor- und Nachteile der verschiedenen Strategien ab und entscheiden sich für eine Lösung.

Ohne lebenslange Garantie müssen sich Anlegende zunächst überlegen, wie lange die private Zusatzrente auf jeden Fall gezahlt werden soll. Wer mit den laufenden Erträgen des Vermögens auskommt und nur diese verbrauchen möchte, kann darauf verzichten. Aber alle anderen sollten sich fragen: Wie lange muss das Geld reichen? Die Antwort: Man weiß es nicht. Grundsätzlich aber sollten Sie sich im Alter von 65 oder 67 Jahren noch auf eine relativ lange Lebenszeit einstellen können. Nach Zahlen des Statistischen Bundesamtes hat ein 65-jähriger Mann aktuell im Durchschnitt noch 18 Lebensjahre vor sich, eine 65-jährige Frau kommt auf 21 Jahre. Das ist allerdings nur ein Durchschnittswert. Rund die Hälfte der Menschen wird älter, die Zahl der 90- und 95-Jährigen nimmt durch den medizinischen Fortschritt stetig zu. Daher empfehlen wir, großzügig mit 30 Rentenjahren zu rechnen.

Wer sein Vermögen im Alter nutzt, will das Beste daraus machen. Aber welchen Betrag kann man über 30 Jahre entnehmen? Wann ist er zu niedrig, wann zu hoch? Man könnte sein Vermögen zum Rentenbeginn durch 30 teilen und dann jedes Jahr den gleichen Betrag entnehmen. Aber dann bleiben die Zinsen vom Tagesgeld sowie Dividenden und Kursgewinne der Aktien-ETF ungenutzt. Das freut die Erben, aber die Senioren hätten sich ein schöneres Leben machen können. Es ist auch nicht sinnvoll, sich allein an den hohen Durchschnittsrenditen der Vergangenheit zu orientieren und sich die rund acht Prozent Rendite eines MSCI-ETF auszuzahlen. Bei starken Börsencrashs am Anfang eines Entnahmeplans wäre dann das Vermögen sehr schnell aufgebraucht.

Auf den folgenden Seiten finden Sie alle Informationen, um einschätzen zu können, welche Strategie für Sie am besten passt, und so einen konkreten Plan in Angriff nehmen zu können.

Grundsätzlich gilt: Wer Entnahmestrategien folgt, wird mit deutlich größerer Flexibilität als bei Rentenversicherungen belohnt. Der einzige Nachteil: Es gibt keine garantierte lebenslange Rente mit garantierter Mindesthöhe. Aber dieser Nachteil wird reichlich kompensiert: So werden die Zusatzrenten mit sehr großer Wahrscheinlichkeit höher ausfallen als bei Rentenversicherungen. Zudem können Sie bei diesen Modellen auch jederzeit größere Summen entnehmen – etwa für Sanierungen des Wohnraums oder den Führerschein der Enkelin. Das geht bei einer Rentenversicherung nicht. Gleichzeitig schützen die ausgefeilten Entnahmestrategien während des Rentenbezugs auch bei Börsencrashs vor größeren Rentensenkungen. Zudem kann das im Pantoffel investierte Vermögen in guten Börsenjahren trotz der Entnahmen noch wachsen. Und schließlich bleibt bei vorsichtigen Entnahme-Strategien am Ende unter Umständen sogar mehr für die Erben übrig, als Sie ursprünglich bis Rentenbeginn angespart hatten (siehe Kapitel 11).

Welche Risiken wollen Sie eingehen?

Vor der Entnahmephase muss geklärt werden, wie das Vermögen angelegt werden soll, aus dem die Zahlungen entnommen werden. Dabei liegt es an Ihnen, zu entscheiden, welche Anlageprodukte Sie nutzen wollen, welche Schwankungen Sie dabei tolerieren können und welche Version des Pantoffel-Portfolios Sie bevorzugen. Erste Wahl bei der Rendite-Komponente ist ein ETF auf den MSCI World Index. Bei großen Geldzuflüssen und einer damit verbundenen grundsätzlichen Neuorientierung vor der Rentenphase können Sie auch besonders ausschüttungsstarke Dividendenfonds und Dividenden-ETF wählen. Zwar ist bei den Auszahlungen mit Schwankungen zu rechnen. Grundsätzlich aber entwickeln sich die Dividenden (und damit auch die Ausschüttungen) stabiler als die Aktienkurse.

Wer bereits ein Pantoffel-Portfolio hat, kann sein Depot in der Rente einfach oder teilweise weiterlaufen lassen. Beim selbst gebauten Pantoffel-Portfolio wird je nach Risikoneigung der Aktien-ETF unterschiedlich hoch gewichtet. Defensive Anleger stecken 25 Prozent ihres Vermögens in den Aktien-ETF, offensive dagegen 75 Prozent. Für die meisten Anleger dürfte ein 50-50-Mix passen. Alternativ können sehr vorsichtige Anleger auch ihr ganzes Vermögen in den Sicherheitsbaustein und sehr offensiv orientierte Anleger ihr Geld komplett in den MSCI-World-ETF investieren. Die beiden letzten Varianten empfehlen wir jedoch nicht.

Wenn Sie noch kein Depot und/oder Tagesgeldkonto haben, sollten Sie spätestens jetzt eins eröffnen (siehe Kapitel 1, 3 und 5).

Fünf Entnahmestrategien im Check

Die Stiftung Warentest bietet fünf Entnahmestrategien zur Auswahl. Jedes Modell hat spezifische Vor- und Nachteile. Schauen Sie, welche Kombination aus Sicherheit, Rendite, Auszahlungshöhe und Kapitalwachstum am besten für Sie passt.

Die Stiftung Warentest hat fünf unterschiedliche Entnahmemodelle entwickelt und in umfangreichen Simulationen über die vergangenen 30 Jahre alle Portfoliovarianten getestet. Dabei hat sich gezeigt, dass stabile Renten auch bei höheren Aktienanteilen möglich sind. Von der Wahl der Entnahmestrategie hängt es ab, wie hoch und wie stabil die monatliche Zahlung ist und welches Steigerungspotenzial sie hat. Die ersten drei Varianten haben den Vorteil, dass sie einfach sind. Sie müssen nur einmalig eingerichtet werden wie die fixe Rente, können mit dem Taschenrechner ermittelt werden wie die flexible Rente oder fließen als Zins- und Dividendenrente automatisch aufs Konto. Die Berechnung der weiteren Varianten, das sind die Rente mit Puffer und die lernende Rente, ist anspruchsvoller. Sie werden vorausschauend so kalkuliert, dass die Auszahlung auch in Crashphasen kaum sinken muss. Für sie stellt die Finanz-Redaktion Onlinerechner zur Verfügung, mit denen Sie ermitteln können, wie Sie den Betrag regelmäßig anpassen können (test.de/pantoffel-auszahlphase). Die gute Nachricht: Sie können ganz entspannt entscheiden. Es ist überhaupt kein Problem, die Strategie im Verlauf der Rentenphase zu wechseln. Die fünf Rentenmodelle sind:

Fixe Rente Der einmal festgelegte Betrag läuft für immer aufs Konto. Das passt für alle Anlegerinnen und Anleger, die sich wenig kümmern wollen.

Flexible Rente Wer direkt von gestiegenen Börsen oder Zinsen profitieren möchte, nutzt die flexible Rente. Das erlaubt höhere Renten in guten Börsen- und Zinszeiten. Im Gegenzug muss man aber mit schwankenden Rentenzahlungen leben können.

Zins- und Dividendenrente Wer das Vermögen am liebsten gar nicht antasten möchte, bezieht nur Zinsen und Dividenden. Für die Erben bleibt dann besonders viel übrig.

Rente mit Puffer Wer vorsichtig starten möchte, um für steigende Ausgaben im fortgeschrittenen Alter vorbereitet zu sein, setzt auf die Rente mit Puffer.

Lernende Rente Für einen möglichst geschmeidigen Verlauf mit höherer Startrente und konstanten Steigerungen sorgt die lernende Rente. Ihr Algorithmus wird mit historischen Kursen gefüttert.

Vorteile und Nachteile unter der Lupe

Jedes Modell hat spezifische Vor- und Nachteile. So ist die Auszahlung pro 100 000 Euro Anlagesumme zwar zu Rentenbeginn in etwa ähnlich hoch. Bei der fixen Rente bleibt sie danach jedoch konstant. Auch bei der Zins- und Dividendenrente ist nicht mit größeren Steigerungen zu rechnen. Allerdings schwanken hier die Renditen in Abhängigkeit von den

Ausschüttungen und dem jeweiligen Zinsniveau relativ stark. Beide Renten haben dafür Vorteile für die Erben: Für sie bleiben im Nachlass erhebliche Geldsummen. Die anderen drei Rentenformen erlauben im Verlauf der 30 Jahre Rentenzeit höhere Ausschüttungen. Die Kehrseite: Das Vermögen wird aufgebraucht (flexible Rente, Puffer-Rente), beziehungsweise es bleibt deutlich weniger übrig (lernende Rente). Die Übersichtsgrafik auf Seite 138 hilft dabei, die passende Strategie für Ihre Bedürfnisse zu finden.

Fixe Rente: Dauerhaft feste Zahlung ohne Anpassung

Wer sich nach Einrichtung eines Depots um nichts mehr kümmern möchte, wählt eine fixe Rente. Die fixe Rente ist die Summe, die Anlegende in der Vergangenheit im schlimmsten aller Börsen- und Zinsverläufe entnehmen, ohne ihr Vermögen vorzeitig aufzuzehren. Die Monatsrente wird für das Tagesgeld und den Aktien-ETF separat berechnet. Das Vermögen auf dem Tagesgeldkonto teilen Anleger durch die geplante Laufzeit in Monaten. Bei 30 Jahren also durch 360. Für die Rente aus dem Aktien-ETF orientieren sie sich an der Tabelle auf Seite 143. Sie wurde für 100 000 Euro Vermögen berechnet. Falls Sie nicht exakt über diese Summe verfügen, teilen Sie Ihr vorhandenes Vermögen durch 100 000 und multiplizieren es mit dem zur Laufzeit und Marktphase passenden Betrag. Die Jahressumme können Sie – wie bei den anderen Varianten – am Jahresbeginn vom Tagesgeldkonto auf das Girokonto überweisen.

Wenn Sie die von unseren Finanzexpertinnen und -experten ermittelten Beträge anwenden, ist die Wahrscheinlichkeit hoch, dass am Ende einiges Vermögen übrig bleibt. Die Höhe der Rentenzahlungen bleibt bei der fixen Rente konstant. Sie variiert je nach Aktienanteil. Bei einer defensiven Anlage (25 Prozent Aktien, 75 Prozent Tagesgeld) hätte sie im 30-Jahres-Rückblick bei 314 Euro gelegen. Eine ausgewogene 50-50-Verteilung hätte 36 Euro mehr gebracht. Bei einer 75-25-Wahl wären es 387 Euro gewesen. Auch das ist nicht überragend. Aber wegen der guten Entwicklung des MSCI World Index in den vergangenen Jahren, wäre das Vermögen trotz Entnahmen stark gewachsen – bei einer 50-50-Aufteilung etwa auf über 260 000 Euro. Damit wären während der Laufzeit größere zwischenzeitliche Entnahmen möglich gewesen, oder es freuen sich die Erben (siehe Kapitel 12).

Die Entnahmestrategien im Überblick

Die fünf vorgestellten Entnahmestrategien haben unterschiedliche Vorzüge und Nachteile. Die Übersicht hilft Ihnen bei der Entscheidung, welche Strategie zu Ihnen passt und Ihre Bedürfnisse am besten erfüllt. Wenn Sie Wert auf möglichst stabile Zahlungen legen, schauen Sie sich die Strategien mit gutem Schutz vor Rentensenkungen an. Wer im Verlauf möglichst hohe Renten haben will, orientiert sich besser am Steigerungspotenzial. So oder so bleiben Sie flexibel – Sie können die Entnahmestrategie auch wechseln.

Die Angaben beziehen sich auf ein ausgewogenes Pantoffel-Portfolio.

Entnahme-Strategie	Anfangsrente[1]	Steigerungspotential[2]	Endvermögen[2][3]	Schutz vor Rentensenkung[2]
Fixe Rente	↗ mittel bis hoch[4]	– nicht vorhanden	↑ hoch	↑ hoch
Flexible Rente	→ mittel	↑ hoch	– nicht vorhanden	↓ gering
Zins-und-Dividenden-Rente	↓ gering	↓ gering	↑ hoch	– nicht vorhanden
Rente mit Puffer	↗ mittel bis hoch[4]	↑ hoch	– nicht vorhanden	↑ hoch
Lernende Rente mit Deckelung	↗ mittel bis hoch[4]	→ mittel	→ mittel	↑ hoch

1) Bezogen auf aktuell gültige Startrenten.
2) Basierend auf historischer Simulation über 30 Jahre.
3) Vermögen am Ende der 30 Jahre.
4) Abhängig vom Marktstand.

↑ hoch ↗ mittel bis hoch → mittel ↓ gering – nicht vorhanden

Flexible Rente: Direkt von gestiegenen Kursen profitieren

Mit etwas mehr Aufwand als bei der fixen Rente können Sie bei der flexiblen Rentenstrategie deutlich mehr monatliche Rente erzielen. Hier teilen Anlegerinnen und Anleger ihr gesamtes Vermögen jedes Jahr neu durch die Anzahl der verbleibenden Rentenjahre. Bei 100 000 Euro und 30 Jahren Entnahmehorizont ergeben sich zum Beispiel 3333 Euro für die Auszahlung im ersten Jahr, also 278 Euro im Monat. Im nächsten Jahr wird die Rechnung für die verbleibenden 29 Jahre wiederholt. Diese Rechnung erfolgt in jedem Jahr bis zum anvisierten Rentenende nach 30 Jahren. Durch die jährliche Neuberechnung zu Jahresbeginn reagiert die Rentenhöhe direkt auf den Verlauf der Anlagemärkte im vorangegangenen Jahr. Nach einem Jahr mit steigenden Kursen und/oder hoher Verzinsung des Tagesgeldes können Sie bei dieser Rentenstrategie Ihre Auszahlungen erhöhen.

Beispiel: Im Laufe des ersten Auszahlungsjahres haben sich die Börsen prächtig entwickelt. Trotz der abgeflossenen 3333 Euro stehen auf Ihrem Vorsorgekonto 116 000 Euro zur Verfügung. Zudem müssen sie nur noch 29 Jahre statt 30 Jahre abdecken. Die jährliche Auszahlung: 116 000 Euro geteilt durch 29, mithin 4000 Euro. Sie können daher Ihre monatliche Rente im zweiten Jahr des Entnahmeplanes von 278 Euro auf nunmehr 333 Euro steigern. Nicht immer jedoch läuft es an den Börsen gut. Nach schlechten Börsenjahren müssen Sie bei der flexiblen Rente auch ihre Auszahlungen absenken. Nehmen wir das genannte Beispiel und wandeln es ab: Statt Gewinnen gab es im MSCI World Index im ersten Jahr rote Zahlen. Am Ende des Jahres stehen nur noch 87 000 Euro zur Verfügung. Geteilt durch 29 Restjahre ergibt sich eine neue Jahresrente von 3000 Euro oder 250 Euro monatlich.

Für die Umsetzung der flexiblen Rentenstrategie müssen Sie nur einmal im Jahr die Höhe der Zahlungen für das laufende Jahr berechnen. Zudem reagiert die Rente schnell auf das aktuelle Marktgeschehen. Steigende Kurse im MSCI World Index schlagen sich sofort in höheren Renten nieder. In den meisten Jahren und im langfristigen Durchschnitt hat der Weltaktienindex zugelegt. Entsprechend hat diese Variante in den vergangenen Jahrzehnten die höchsten Rentenzahlungen ermöglicht. Bei einem ausgewogenen Pantoffel-Portfolio wären es bei 100 000 Euro in den vergangenen 30 Jahren zwischen 278 und 1216 Euro gewesen. Der Median lag mit 629 Euro fast doppelt so hoch wie bei der fixen Rente. Allerdings schwankt die Rente stark. Im schlimmsten Fall hätte die Zahlung gegenüber dem Vorjahr um 23 Prozent abgesenkt werden müssen.

Diese Variante empfiehlt sich nur für Personen, die nicht auf konstanten Einkommenszufluss angewiesen sind. Zudem ist das komplette Vermögen nach 30 Jahren aufgebraucht.

Zins- und Dividendenrente: Von den Erträgen der Geldanlage leben

Viele Anlegende wollen nur von den Erträgen der Geldanlage (Dividenden und Zinsen) leben, ohne den Grundstock anzutasten. Dieses Modell eignet sich insbesondere für Menschen, die nicht auf regelmäßige Einkünfte in bestimmter Höhe angewiesen sind oder die eine größere Summe vererben möchten. Wie bei der fixen Renten wird das Grundkapital nicht angetastet. Die monatliche Auszahlung speist sich allein aus den Zinsen und den Dividenden. Entsprechend müssen Sie bei der Zins- und Dividendenrente wenig rechnen. Es werden einfach die im vergangenen Jahr erzielten Zins- und Dividendeneinnahmen auf ein Konto überwiesen und monatlich davon ein Zwölftel ausgezahlt.

Da die Zinsen vor 2022 über einen sehr langen Zeitraum nahe null lagen, war aus der Sicherheitskomponente nur wenig zu holen. Wegen der unterschiedlich hohen Zinssätze schwankten die Entnahmehöhen stark. Insgesamt war die Rentenausbeute im Vergleich zu anderen Entnahmestrategien spärlich. Im schlechtesten Monat gab es bei der ausgewogenen Variante lediglich 169 Euro. Nur bei einem hohen Aktienanteil war zumindest in den letzten Jahren eine höhere Rente möglich. So lag die monatliche Durchschnittsrente bei einer Verteilung von 75 Prozent zugunsten der Aktien bei immerhin 290 Euro, zuletzt sogar bei 420 Euro.

Für Wohlhabende ohne zusätzlichen Mindestbedarf ist die Zins- und Dividendenrente eine Option, wenn sie ihre Erben reichlich bedenken wollen. Da die Rente nicht aus der Substanz ausgeschüttet wird, bleibt am Ende der Laufzeit am meisten Kapital übrig: Mit einem ausgewogenen Pantoffel-Portfolio wuchs das Vermögen von 100 000 auf über 200 000 Euro, mit einem offensiven Pantoffel waren sogar über 260 000 Euro für die Erben drin. Denn bei diesem Modell werden eben nur die Dividenden, nicht aber die zuletzt üppigen Kursgewinne ausgezahlt.

Puffer-Rente: Stabile Rente mit vorsichtigem Start

Die Rente mit Puffer berücksichtigt mögliche Börsenbeben. Der Puffer ist umso höher, je besser die Aktienmärkte laufen. In der Phase des Booms wird im Modell eingeplant, dass schon morgen ein Crash das Aktienvermögen um 60 Prozent reduzieren könnte. Ist der Markt dagegen bereits um 20 Prozent gefallen, wird davon ausgegangen, dass der Markt nur noch um weitere 25 Prozent fallen kann. Daher wird der Puffer nun niedriger angesetzt. Nach einem ganz schlimmen Crash empfiehlt die Finanzredaktion, ihn sogar ganz wegzulassen. Diese Strategie führt dazu, dass die Renten umso niedriger starten, je höher der Aktienmarkt steht. Zu Rentenbeginn war deshalb die Puffer-Rente im ausgewogenen Portfolio mit 291 Euro relativ gering.

Nicht nur Crashs kalkuliert der Puffer ein, sondern auch eine anschließende Erholung der Kurse. Unser Modell geht davon aus, dass sich der Aktienmarkt im Schnitt mit 7 Prozent pro Jahr entwickelt. Das sorgte in der Vergangenheit dafür, dass die Puffer-Rente unter günstigen Umständen im Median 575 Euro einbrachte – das zweithöchste Ergebnis aller getesteten Entnahmestrategien. Das Puffer-Modell ist deutlich komplizierter als die drei zuvor vorgestellten Varianten. Wer die Rente mit Puffer bevorzugt, muss den Markt aber nicht selbst analysieren. Einen Onlinerechner finden Sie unter test.de/pantoffel-auszahlphase. Laufen die Börsen gut, gibt es mit der Puffer-Strategie ordentliche Rentenerhöhungen, die auch hohe Inflationsraten ausgleichen können. Das ist besonders interessant für vorsichtige Rentner, die mit langfristig steigenden Kosten etwa für die Pflege rechnen.

In unserer Modellrechnung gibt es zudem einen kräftigen Rentensprung nach 25 Jahren. Der Grund für diesen Sprung auf bis zu 1474 Euro im ausgewogenen Modell und 1878 Euro im offensiven Modell: Im Puffer-Modell wird fünf Jahre vor Ende der geplanten Laufzeit das gesamte Vermögen aus dem Aktien-ETF verkauft und ins Tagesgeld eingezahlt. Bei einem guten Börsenverlauf vor dieser Verlagerung hat sich im Aktien-ETF ein hohes Vermögen angesammelt. Anschließend wird die monatliche Rente nach der Strategie der flexiblen Entnahme berechnet und entnommen. Falls Sie diesen plötzlichen Rentensprung dann gar nicht brauchen oder Ihre Rente für längere Zeit absichern wollen, können Sie die Rentenentnahmezeit auch verlängern. Im Gegenzug fällt dann die monatliche Entnahme natürlich geringer aus.

Lernende Rente: Optimale Rentenhöhe mit Algorithmus berechnen

Noch höhere Entnahmen als bei der Puffer-Rente sind mit der „Lernenden Rente" möglich. Der Berechnungsmodus ist kompliziert. Das muss Sie aber nicht stören, weil unser Onlinerechner die Ermittlung der Rentenzahlung für Sie vornimmt. Statt einen künstlichen Crash- und Erholungsverlauf wie bei der Puffer-Variante anzunehmen, füttern wir den Algorithmus der lernenden Rente mit den tatsächlichen Kursverläufen der

Vergangenheit. Die jeweilige Entnahmemöglichkeit wird so wie bei der flexiblen Rente berechnet. Dabei wird das Vermögen einfach durch die Restlaufzeit geteilt, unter der Annahme, dass keine weiteren Zinsen fließen.

Ausgefeilter ist die Berechnung für den Aktienbaustein. Die Auszahlung entspricht am Anfang der fixen Rente, die im schlimmsten historischen Fall über 30 Jahre entnommen werden könnte. Die ausgewogene lernende Rente startete wie die fixe Rente mit 350 Euro. Aber während die fixe Rente immer bei dem Startwert von 350 Euro stagniert, wird die Auszahlung bei der lernenden Rente regelmäßig neu berechnet und erreichte in der Rückrechnung maximal 1132 Euro. Der Median lag bei 470 Euro. Der Algorithmus berücksichtigt dabei die tatsächlichen Börsenverläufe und ermittelt abhängig vom Marktstand Mindestrenten. Entwickelt sich die Börse schlechter als bisher, werden die zulässigen Mindestrenten für die Zukunft abgesenkt.

Für eine möglichst kontinuierliche Rentensteigerung haben wir in den Berechnungen zudem maximal eine Rentensteigerung von 4 Prozent pro Jahr zugelassen. Selbst nach einem ausgesprochen guten Börsenjahr darf sich die Rente nicht stärker erhöhen. Bleibt die Rente nach einem schlechten Börsenjahr aber nur konstant, kann sie im Folgejahr um bis zu 8 Prozent zulegen. Wie bei der Rente mit Puffer gibt es auch bei der lernenden Rente ein „Ablaufmanagement“: Fünf Jahre vor Ende der 30 Jahre Laufzeit wird das gesamte Vermögen auf das Tagesgeldkonto geschoben und dann nur noch entsprechend der flexiblen Rente entnommen – wobei die Renten auch dann höchstens um 4 Prozent pro Jahr steigen dürfen. Die lernende Rente klingt kompliziert, aber lassen Sie sich nicht abschrecken! Die tatsächliche Rentenhöhe berechnet der Onlinerechner. Sie müssen nur Ihre Vermögenswerte für das Tagesgeldkonto und den Aktien-ETF und die gewünschte Restlaufzeit eintragen. Der Onlinerechner zeigt Ihnen Ihre mögliche Rentenzahlung an.

Stand: 30. April 2025 Quellen: LSEG, eigene Berechnungen

Das brachten die Entnahmestrategien

So viel monatliche Rente war in den vergangenen 30 Jahren drin: Ausgehend von einem Vermögen in Höhe von 100 000 Euro konnten Anlegerinnen und Anleger je nach gewählter Pantoffel-Variante und Renten-Strategie die folgenden Summen entnehmen, zum Teil blieb ein erhebliches Endvermögen übrig.

Entnahmestrategie	Entnahmehöhe (Euro)			Endvermögen (Euro)	Rendite (% p.a.)	Höchster Renteneinbruch (%)
	Zu Beginn	Am Ende	Im Mittel			
Defensives Pantoffel-Portfolio						
Fixe Rente	314	314	314	124 514	4,3	0
Flexible Rente	278	849	446	0	4,3	-3
Zins- und Dividendenrente	253	261	209	151 864	3,5	-88
Puffer-Rente	284	954	507	0	4,3	-3
Lernende Rente	314	1 015	446	7 457	4,2	-6
Ausgewogenes Pantoffel-Portfolio						
Fixe Rente	350	350	350	260 145	6,3	0
Flexible Rente	278	1 216	629	0	6,2	-23
Zins- und Dividendenrente	234	376	226	205 645	4,3	-65
Puffer-Rente	291	1 621	575	0	6,1	-11
Lernende Rente	350	1 132	470	61 144	5,8	-4
Offensives Pantoffel-Portfolio						
Fixe Rente	387	387	387	414 087	7,7	0
Flexible Rente	278	1 490	700	0	7,4	-38
Zins- und Dividendenrente	214	420	290	262 252	4,9	-49
Puffer-Rente	298	2 013	700	0	7,4	-22
Lernende Rente	387	1 249	502	130 137	7,1	-4
Aktien-Welt-ETF						
Fixe Rente	421	421	421	532 121	8,7	0
Flexible Rente	277	1 865	784	0	8,4	-56
Zins- und Dividendenrente	195	485	317	311 035	5,1	-30
Puffer-Rente	303	2 905	686	0	8,2	-33
Lernende Rente	421	1 367	519	144 179	7,7	-3

So starten Sie Ihren smarten Entnahmeplan

Unter Berücksichtigung der Vor- und Nachteile der verschiedensten Entnahmestrategien können Sie sich für die passende entscheiden. Ein Wechsel ist später jederzeit möglich.

Schritt 1 Entscheiden Sie sich für eine Strategie Analysieren Sie vor dem Beginn der Rente Ihr liquides Vermögen und entscheiden Sie, wie Sie in der Rentenzeit davon profitieren wollen. Eine Möglichkeit ist der Abschluss einer Sofortrente. Das ist eine einfache Lösung, aber die Rendite ist mager. Wir empfehlen Entnahmepläne aus dem Pantoffel-Portfolio. Sie versprechen höhere Renditen, und Sie behalten zudem die Kontrolle über Ihr Vermögen.

Schritt 2 Legen Sie Ihre Pantoffel-Aufteilung fest Je nach Risikoneigung können Sie sich eher defensiv oder eher offensiv einordnen. Für die meisten ist ein ausgewogenes Portfolio mit einer 50/50-Mischung passend. Wenn Sie bisher für den Vermögensaufbau ein offensives Portfolio genutzt haben, können Sie für mehr Sicherheit und geringere Schwankungen im Rentenalter auf ein etwas defensiveres Portfolio umstellen – also etwa von 75 Prozent Aktien/25 Prozent Tagesgeld auf 50/50.

Schritt 3 Wählen Sie die passenden Komponenten Der Renditebaustein des Pantoffel-Portfolios besteht aus mindestens einem breit streuenden Welt-Aktien-ETF, der von uns als erste Wahl ausgezeichnet wurde. Für den Sicherheitsbaustein nutzen Sie ein möglichst attraktives Tagesgeldkonto. Falls Sie bisher noch kein Konto oder Depot haben, richten Sie es mithilfe unserer Website ein (test.de/Depotkosten und test.de/Tagesgeld).

Schritt 4 Legen Sie Ihre Entnahmestrategie fest In den Porträts der Strategien ist erklärt, wie Sie die Höhe der ersten Rentenzahlung ermitteln. Dabei hilft Ihnen unser Onlinerechner (siehe Artikel „Mit dem Pantoffel-Portfolio die Rente aufpeppen" auf test.de, Stichwort „Entnahmeplan", im Unterabschnitt „Rechner: So viel können Sie sich auszahlen"). Ausgezahlt wird fast immer vom Tagesgeldkonto. Sie können sich den Betrag für ein Jahr auf einmal aufs Girokonto überweisen. Bei den dynamischen Strategien sollten Sie einmal jährlich Ihre Rente für das nächste Jahr berechnen. Bei der flexiblen Rente reicht ein Taschenrechner, bei Puffer- und lernender Rente helfen unsere Onlinerechner.

Schritt 5 Checken Sie einmal jährlich Ihre Depotaufteilung Einmal im Jahr (am Jahresende) sollten Sie prüfen, ob die Aufteilung Ihres Portfolios noch stimmt. Aktiv werden müssen Sie nur, wenn ein Baustein zehn Prozentpunkte von der gewünschten Gewichtung abweicht. Wenn etwa bei einem ausgewogenen Portfolio der Renditebaustein 60 Prozent ausmacht und das Tagesgeld nur 40 Prozent, sollten Sie etwas vom Aktien-ETF verkaufen und den Erlös aufs Tagesgeldkonto überweisen, bis wieder eine 50-50-Mischung hergestellt ist. Dabei hilft unser Onlinerechner unter: test.de/pantoffelportfolio, im Unterabschnitt „Rechner: Portfolio-Mischung prüfen".

12 Ich will meinen Nachkommen Geld vererben

Frühzeitig den Nachlass planen!

Es fällt schwer, sich mit dem eigenen Tod zu befassen. Wenn Sie aber Streitigkeiten um das Erbe ausschließen und sichergehen wollen, dass ein großer Teil Ihres Vermögens bei Ihrem Nachwuchs und nicht beim Fiskus landet, sollten Sie Ihren Nachlass rechtzeitig planen.

Haben Sie sich schon grundsätzlich Gedanken machen können, was mit Ihrem Vermögen passieren soll? Der Wunsch, etwas an die nächste Generation weiterzugeben, ist verständlich. Aber ist er auch realistisch? Wie viel finanziellen Spielraum haben Sie, um vorzusorgen? Brauchen Sie Ihr ganzes Vermögen für einen auskömmlichen Ruhestand? Soll möglichst viel für Partner und Kinder oder andere Erben übrig bleiben, oder möchten Sie im Alter an nichts sparen und nur das weitergeben, was am Ende übrig bleibt? Und wie aktiv wollen Sie sich um Ihr Geld kümmern beziehungsweise Ihr Vermögen im Alter managen?

Beginnen Sie mit einer Bestandsaufnahme (siehe Kapitel 1). Listen Sie Einnahmen und Ausgaben detailliert auf und ermitteln Sie Ihren finanziellen Spielraum. Im zweiten Schritt verschaffen Sie sich einen Überblick über Ihre Anwartschaften. Informationen über die zu erwartende Rente, den Rentenbeginn und die Rentenart gibt Ihnen der Rentenbescheid der Deutschen Rentenversicherung. Ab dem Alter von 55 Jahren erhalten Sie zudem alle drei Jahre eine detaillierte Rentenauskunft der Deutschen Rentenversicherung. Sie können dann Ihre Rentenlücke berechnen (siehe Kapitel 6, S. 76) und prüfen, ob mögliche andere Anwartschaften reichen, um sie zu füllen. Haben Sie beispielsweise noch eine betriebliche Altersversorgung aufgebaut? Vielleicht erhalten Sie eine Privatrente aus einem Riester-Vertrag oder aus einer Rürup-Versorgung (auch „Basisrente" genannt). Bringen Ihnen Immobilien regelmäßige Mieteinnahmen? Listen Sie alles genau auf und berechnen Sie, wie viel Rente Sie zusätzlich aufbauen müssen, damit Sie Ihren Lebensstandard im Alter halten können.

Wie viel Sicherheit brauchen Sie?

Wer Geld für die Rente zurücklegt, will damit in der Regel die eigene finanzielle Zukunft absichern. Vor allem beim Abschluss einer privaten Rentenversicherung steht die eigene finanzielle Sicherheit im Alter im Vordergrund. Doch während Sie eine reine Geldanlage – wie etwa Ihr Pantoffel-Portfolio – problemlos vererben können, müssen Sie die Absicherung der Nachkommen bei Altersvorsorgeverträgen extra vereinbaren – und das ist in der Regel teuer und geht zulasten der eigenen Rentenhöhe. Dafür können Sie, anders als mit der Pantoffel-Rente, darauf bauen, dass Sie lebenslang eine Rente erhalten werden.

Gesetzliche Erbfolge: Wer erbt was?

Ohne Testament bestimmt der Gesetzgeber, was mit Ihrem Nachlass passiert. Vor allem in Patchworkfamilien könnten Ihre Nachkommen ohne Testament zu den Verlierern gehören.

Wem möchten Sie was vererben? Sprechen Sie mit Ihren potenziellen Erben. Reichen die gesetzlichen Regelungen, um Ihren Plan umzusetzen? Wenn Sie neben leiblichen oder adoptierten Kindern sowie Ehepartnern oder Partnern eingetragener Lebensgemeinschaften auch entfernte Verwandte oder Freunde bedenken möchten, müssen Sie ein Testament aufsetzen. Gleiches gilt auch bei nicht ehelichen Partnerschaften. Besonders wichtig ist ein Testament, wenn Sie in einer Patchworkfamilie leben.

Liegt kein gültiges Testament vor, greift die gesetzliche Erbfolge. Danach werden zuerst die nächsten Verwandten – also Kinder und Ehepartner/eingetragene Lebenspartner – bedacht. Wenn Sie verheiratet sind und zwei Kinder haben, heißt das: Stirbt ein Ehepartner, erbt der andere die Hälfte des Vermögens, die Kinder jeweils ein Viertel. Im Rahmen der gesetzlichen Erbfolge zählen auch uneheliche und adoptierte Kinder zu den Erben, nicht aber Stiefkinder. Wer die Stiefkinder bedenken möchte, muss das per Testament regeln. Das gilt auch für hinterbliebene Partner ohne Trauschein: Sie gehen komplett leer aus, wenn sie nicht per Testament bedacht worden sind.

Ehepartner und eingetragene Lebenspartner genießen ein unabhängiges, aber kein alleiniges Erbrecht. Per Gesetz sind Verwandte in sogenannte Ordnungen eingeteilt. Kinder und Enkel sind Verwandte 1. Ordnung, Geschwister sowie Neffen und Nichten gehören zur 2. Ordnung und Tanten und Onkel zur 3. Ordnung. Grundsätzlich gilt: Erben einer vorderen Ordnung schließen Erben nachfolgender Ordnungen aus. Heißt: Wenn Sie Kinder haben, erben Eltern und Geschwister nichts, die aber bei kinderlosen (Ehe-)Paaren sehr wohl bedacht werden.

Wer keine Familienangehörigen als natürliche Erben hat und sein Erbe nicht per Testament regelt, vererbt sein Vermögen automatisch dem Staat.

Testament – bei Patchwork Pflicht

Die gesetzliche Erbfolge passt für viele Ehepaare mit Kindern. Ohne Trennungen und neue Beziehungen geht das Vermögen automatisch an den hinterbliebenen Partner und die Nachkommen über.

Vereinbaren Sie ein sogenanntes Berliner Testament, profitiert zunächst nur Ihr hinterbliebener Partner, und Ihre Kinder erben dann nach dessen Tod das gesamte Familienvermögen. Das hat Vorteile – zum Beispiel, wenn eine selbst bewohnte Immobilie beiden Ehepartnern zu gleichen Teilen gehörte. Stirbt ein Partner ohne Testament, geht seine Haushälfte automatisch zu gleichen Teilen an den hinterbliebenen Ehepartner und die Kinder über. Die Kinder könnten als Mitglieder der Erbengemeinschaft mitbestimmen, was mit dem Haus passiert. Möglich, dass sie den Verkauf gegen den Willen des hinterbliebenen Ehepartners vor Gericht durchsetzen – und Vater oder Mutter sich dann ein neues Zuhause suchen muss. Mit einem Berliner Testament ist das ausgeschlossen. Der Nachteil des Berliner Testaments: Eventuell fällt eine höhere Erbschaftssteuer an, weil die Kinder nur einmal vom Freibetrag profitieren (siehe S. 151).

Die gesetzliche Erbfolge orientiert sich am klassischen Familienmodell. Komplizierter wird es, wenn Sie ohne Trauschein zusammenleben oder aber in zweiter oder dritter Ehe verheiratet sind und Sie gemeinsame Kinder oder Kinder aus unterschiedlichen Beziehungen haben. Solche Fälle hatten die Väter und Mütter des Bürgerlichen Gesetzbuches (BGB) nicht vorgesehen. In Zweit- oder Drittehen mit Kindern aus unterschiedlichen Ursprungsfamilien kann das Erbe schnell zum Streitfall werden. Ohne Testament erben neben dem Ehepartner jeweils nur die eigenen Kinder. Kinder des Partners aus früheren Beziehungen erben nichts. Mit weitreichenden Folgen. Denn ohne Testament bestimmt damit die Reihenfolge des Todeszeitpunkts der Ehepartner darüber, welche Kinder was erben.

Angenommen, beide Partner in einer Patchworkfamilie verfügten ursprünglich über ein Vermögen von je 300 000 Euro. Ein Ehepartner stirbt und hinterlässt seine 300 000 Euro. Dann erbt der hinterbliebene Partner davon die Hälfte, also 150 000 Euro. Die Kinder des Verstorbenen erben die andere Hälfte, also 150 000 Euro. Stirbt nun der zweite Ehepartner, erben ausschließlich dessen Kinder. Die Nachkommen des Zweitverstorbenen erben damit 450 000 Euro – die 300 000 Euro plus die vom Ehepartner geerbten 150 000 Euro – das Dreifache der Nachkommen des zuerst Verstorbenen.

Wenn das Erbe gerecht auf alle Kinder aufgeteilt werden soll, benötigen Sie ein Testament. Darin können Sie frei bestimmen, wer Ihr Vermögen und Ihre Hinterlassenschaften nach Ihrem Tod erhalten soll. Ein Testament können Sie ohne Notar selbst erstellen und zu Hause aufbewahren. Damit es gültig ist, müssen Sie ein paar Vorgaben beachten: Es muss handschriftlich verfasst, unterschrieben und datiert sein, damit es rechtswirksam ist. Bei gemeinsam verfassten Testamenten sind die Unterschriften beider (Ehe-)Partner notwendig. Sie können Ihr Testament jederzeit ändern oder ergänzen. Wichtig ist dann, die Änderungen separat zu datieren und zu unterschreiben. Sie können Ihr Testament zu Hause aufbewahren, aber dann besteht das Risiko, dass es nicht gefunden oder eventuell sogar vernichtet wird – etwa von Personen, die sich nicht ausreichend bedacht fühlen. Wer auf Nummer sicher gehen will, kann das Testament beim Nachlassgericht hinterlegen und nur eine Kopie zu Hause oder im Banktresor aufbewahren. Beurkundet ein Notar den letzten Willen, wird dieser Wille automatisch registriert.

Der Fiskus erbt mit: Erbschaftssteuer beachten

Kinder und Ehepartner profitieren beim Erben zwar vom höchsten steuerlichen Freibetrag, dennoch langt der Fiskus – vor allem beim Immobilienübertrag – häufig zu. Mit rechtzeitiger Planung können Sie das verhindern.

„Nur zwei Dinge auf Erden sind uns ganz sicher: der Tod und die Steuer", so soll es Benjamin Franklin, einer der Väter der US-Verfassung, einst formuliert haben. Tatsächlich können Steuern Ihnen beim Vermögensübertrag einen Strich durch die Rechnung machen, denn der Staat erbt ordentlich mit. Wie viel, hängt vom Verwandtschaftsgrad und der Höhe des Vermögens ab. Ehepartner und eingetragene Lebenspartner haben einen Freibetrag von 500 000 Euro; Kinder und Enkel können 400 000 Euro beziehungsweise 200 000 Euro erben, ohne dass der Fiskus zulangt. Geschwister oder nicht eheliche Lebensgefährten und Freunde haben dagegen nur einen Freibetrag von 20 000 Euro.

Keine Ehe ist unter steuerlichen Gesichtspunkten also keine Lösung: Nur wenn Lebensgefährten testamentarisch bedacht sind, erben sie etwas – und haben dann den geringsten Freibetrag und den höchsten Steuersatz. Wenn Ihr Partner verstirbt, zahlen Sie ohne Trauschein damit ein Vielfaches mehr als mit Trauschein. Denn nicht nur die Freibeträge, sondern auch die Steuersätze sind je nach Verwandtschaftsgrad unterschiedlich hoch. Ehepartner und Kinder zahlen zwischen 7 und 30 Prozent – und die erst ab einem vererbten Vermögen von 26 Millionen Euro. Lebensgefährten müssen ihr Erbe dagegen schon ab 20000 Euro mit 30 Prozent versteuern, ab 13 000 000 Euro kassiert der Fiskus dann die Hälfte (50 Prozent).

Wer rechtzeitig mit der Nachlassplanung beginnt, kann sehr viel Steuern sparen. Denn der steuerliche Freibetrag gilt auch für Schenkungen – und Sie können ihn alle zehn Jahre nutzen. Wenn Sie vermögend sind und Ihren Kindern mit 50, 60, 70 und 80 Jahren jeweils 400 000 Euro

Steuerklassen und Freibeträge

Ehepartner, eingetragene Lebenspartner und Kinder genießen im Erbfall die höchsten Steuerfreibeträge und zahlen für darüber hinausgehendes Erbe den geringsten Steuersatz. Bei entfernten Verwandten, Lebenspartnern und Freunden langt der Fiskus bereits ab 20 000 Euro zu – mit einem Steuersatz von 30 Prozent. Per frühzeitiger Nachlassplanung lässt sich die Zahlung an den Fiskus reduzieren.

Steuerklassen bei Schenkung und Erbe (Auswahl)

Steuerklasse	Begünstigte	Freibetrag
1	Ehepartner, Lebenspartner (eingetragen)	500 000 Euro
1	Kinder, Stiefkinder	400 000 Euro
1	Enkel	200 000 Euro
1	Eltern	100 000 Euro
2	Geschwister, Nichten, Neffen, Stiefeltern, Schwiegerkinder, geschiedene Ehepartner	20 000 Euro
3	Sonstige Personen (auch: unverheirateter Elternteil)	20 000 Euro

Besteuerung (in Prozent) bei Schenkung und Erbe*

Wert des übertragenen Vermögens	Steuerklasse 1	Steuerklasse 2	Steuerklasse 3
75 000 Euro	7	15	30
300 000 Euro	11	20	30
600 000 Euro	15	25	30
6 000 000 Euro	19	30	30
13 000 000 Euro	23	35	50

Entsprechend besteuert wird stets die Summe über den jeweiligen Betrag hinaus.
Über 13 Millionen Euro steigt die Besteuerung teilweise noch weiter an.

* im Erbfall lassen sich zusätzlich Todesfallkosten absetzen, die den Wert der Erbschaft mindern können.

Unser Rechner verrät, welche Auswirkungen ein Erbe oder eine Schenkung verursacht: test.de/erbschaftsteuer schenken, können Sie 1,6 Millionen Euro steuerfrei übertragen – pro Kind. Ohne Schenkung müsste jedes Kind für die gleiche Summe knapp 230 000 Euro an das Finanzamt überweisen. Kinder Ihres (Ehe-)Partners gehen grundsätzlich erst einmal leer aus. Wenn Sie ihnen etwas vererben möchten, müssen Sie sie per Testament bedenken.

Immobilien steuerschonend übertragen

Während die Zahl derjenigen, die Geld an die Nachkommen vererben möchten, rückläufig ist, wird der Übertrag von Immobilien laut Deutsche-Bank-Studie wichtiger. Mehr als die Hälfte (54 Prozent) der Erben hat eine oder mehrere Immobilien geerbt; 2018 waren es nur 40 Prozent. Beim Vererben von Immobilien sind ein paar Besonderheiten zu beachten. Die erste Besonderheit: Immobilien sind nicht so leicht teilbar wie Geld oder andere Vermögenswerte. Zudem spielt eventuell eine emotionale Bindung eine Rolle bei der Frage, was mit einer Immobilie passieren soll. Dazu kommt: Immobilien bilden oft den Großteil des Vermögens. Und während die Immobilienpreise in den vergangenen 15 Jahren im Schnitt um 50 bis 70 Prozent und in begehrten Großstädten wie Berlin noch deutlich stärker in die Höhe geschossen sind, wurden die steuerlichen Freibeträge seit 2009 nicht mehr erhöht.

Die Freibeträge werden also schnell überschritten, und nicht selten müssen die Erben eine geerbte Immobilie verkaufen, weil die Steuerschuld unmittelbar und in voller Höhe zu zahlen ist. Ehepartner können eine Immobilie als sogenanntes Familienheim steuerfrei erben, obwohl sie im Wert den Freibetrag übersteigt, wenn sie darin mindestens zehn Jahre lang wohnen. Das gilt auch für Kinder und Enkel, ist aber dann noch an weitere Auflagen geknüpft. Die Immobilie darf in diesem Fall maximal 200 Quadratmeter Wohnfläche haben, und der Erblasser muss im Grundbuch stehen.

Auch beim Übertrag von Immobilien können Sie die Steuerlast durch Schenkung reduzieren. Falls Sie selbst in der Immobilie wohnen oder aber auf Mieteinnahmen aus der Immobilie angewiesen sind, bietet sich eine Schenkung in Kombination mit dem sogenannten Nießbrauch an. Nießbrauch bedeutet: Sie haben ein lebenslanges Nutzungs- und Verwertungsrecht. Dadurch verringert sich der Wert der Schenkung. Der Wert des Nießbrauchs richtet sich nach der Höhe einer möglichen Miete und dem Alter des Schenkenden. Je jünger Sie als Schenkender sind, desto stärker mindert der Nießbrauch den Immobilienwert, sodass er im Zweifel unter die Grenze des Steuerfreibetrags fällt. Bei größerem Immobilienbesitz oder Immobilienportfolios können Sie eine Immobiliengesellschaft gründen und Ihren Kindern alle zehn Jahre Anteile im Wert des Freibetrags übertragen.

BEI SCHENKUNGEN gelten die gleichen Anforderungen an eine energetische Sanierung wie bei Kauf oder Erbschaft: Binnen zwei Jahren nach Eigentümerwechsel muss die Immobilie die Anforderungen des Gebäudeenergiegesetzes (GEG) erfüllen: Heizkessel, die 30 Jahre und älter sind, müssen getauscht, Heizungsrohre und obere Geschossdecken gedämmt werden. Ausnahme: Der neue Eigentümer hat vor dem 1. Februar 2002 in der Immobilie gewohnt.

Wie vererbe ich meine Altersvorsorge?

Mit einer Rentenversicherung können Sie auf lebenslange Zusatzrenten vertrauen. Wenn Sie Ihre Nachkommen jedoch absichern möchten, geht das zulasten Ihrer Rente. Die Alternative: ein Pantoffel-Entnahmeplan.

Wer per Rentenversicherung für sein Alter vorsorgen möchte, steckt in einem Dilemma: Finanzielle Sicherheit durch eine lebenslange Rente oder das Kapital für die Nachfahren erhalten? Mit einer Rentenversicherung sichern Kunden im kollektiven Verbund ihr „Langlebigkeitsrisiko" ab – also das Risiko, länger zu leben, als das Geld reicht. Die Hinterbliebenen der Versicherten gehen im Gegenzug leer aus. Um das zu verhindern, kann man eine sogenannte Rentengarantiezeit vereinbaren. Das bedeutet, dass Hinterbliebenen für einen vereinbarten Zeitraum eine Rente ausgezahlt wird, wenn der Versicherte vorher verstirbt. Alternativ können Sie bei einigen Anbietern eine Beitrags- oder Kapitalrückgewähr vereinbaren. Damit geht das in der Versicherung verbleibende Kapital nach Ihrem Tod an Ihre Nachfahren.

Beide Varianten müssen Sie teuer bezahlen – die Absicherung für die Nachfahren geht zulasten Ihrer Rente. Wir haben uns die Angebote genauer angesehen und im Mai 2024 die 16 marktbedeutenden klassischen Sofortrenten mit fester Rentenzusage und volldynamischer Rente untersucht. Ergebnis: Ein Vergleich lohnt, die Preisspanne ist groß! Bis zu 35 Prozent geringer fallen bei manchen Anbietern die Renten aus, wenn Versicherte einen umfangreichen Hinterbliebenenschutz vereinbaren.

Extrem sind Unterschiede bei den Auszahlungen der Kapital- oder Beitragsrückgewähr. Manche Versicherer würden beim Todesfall direkt zum Rentenbeginn die 100 000 Euro der Versicherten komplett an die Hinterbliebenen zurückzahlen, bei anderen wären es nur noch rund 80 000 Euro.

Grundsätzlich gilt: Je höher die Absicherung der Hinterbliebenen, desto teurer wird es oder desto geringer fällt Ihre Rente aus. Aus 100 000 Kapital erhalten Sie eine monatliche Rente von 289 Euro, wenn Sie auf eine Absicherung Hinterbliebener verzichten. Weniger geschmälert wird Ihre Rente, wenn Sie eine kurze Rentengarantiezeit von zehn Jahren vereinbaren.

Wir haben es durchgerechnet. Unsere Modellkundin ist 66 Jahre alt und zahlt 100 000 Euro in eine Sofortrente ein. Die monatliche Rente fließt lebenslang ab dem 1. Mai 2024. Durch eine zehnjährige Rentengarantiezeit sinkt die Rente im Schnitt der untersuchten Anbieter minimal von 289 auf 287 Euro. Allerdings ist die tatsächliche Absicherung der Hinterbliebenen damit auch nur gering: Laut Statistischem Bundesamt hat ein 65-jähriger Mann eine weitere durchschnittliche Lebenserwartung von 17,6 Jahren, eine gleichaltrige Frau von 20,9 Jahren.

Der Tod innerhalb der ersten zehn Jahre ist also nicht sehr wahrscheinlich. Bei längeren Rentengarantiezeiten von beispielsweise 20 Jahren sind Ihre Einbußen schon höher. Ihre Rente fällt dann im Schnitt monatlich um 13 Euro geringer aus.

Richtig ins Geld geht es, wenn Sie eine Beitrags- oder Kapitalrückgewähr wählen. Dann können sich zwar die Erben im Falle eines frühzeitigen Todes über einen großen Betrag freuen. Gleichzeitig fällt die Rente mit 226 Euro um 63 Euro oder mehr als 20 Prozent geringer aus als ohne diese Absicherung. Um mit den Auszahlungen die ursprünglich selbst eingezahlten 100 000 Euro zurückzuerhalten, müssten Sie knapp 103 Jahre alt werden. Und nicht einmal einen Inflationsausgleich hätten Sie dabei bekommen.

Zusatzrente mit einem Pantoffel-Entnahmeplan

Eine Rentenversicherung bietet ein hohes Maß an Sicherheit, weil eine lebenslange Rente garantiert ist. Einmal abgeschlossen, ist auch nur ein minimaler Aufwand nötig. Jedoch die Rendite ist gering, weil das Versicherungsunternehmen mitverdient. Wenn Sie Hinterbliebene zusätzlich absichern wollen, schmilzt der ohnehin magere Ertrag leider weiter dahin.

Finanziell attraktiver für Sie und die späteren Erben könnte es sein, mit einer Entnahmestrategie aus dem Pantoffel-Portfolio selbst eine Zusatzrente aufzubauen (siehe auch Kapitel 6, S. 80). Das Pantoffel-Portfolio besteht zum einen aus einem Renditebestandteil, der durch einen weltweiten Aktien-ETF abgebildet wird. Und zum anderen aus einem Sicherheitsbestandteil, der aus Tagesgeld bestehen kann. Je nach Risikoneigung wird der Aktien-ETF unterschiedlich hoch gewichtet. Defensive Anleger stecken 25 Prozent ihres Vermögens in den Aktien-ETF, offensive dagegen 75 Prozent. Für die meisten Anleger dürfte ein 50-50-Mix passen. Alternativ können sehr vorsichtige Anleger auch alles Vermögen auf dem Tagesgeldkonto lassen, und sehr offensive Investoren setzen zu 100 Prozent auf Aktien-ETF. Wir betrachten in unseren Simulationen alle Portfoliovarianten und zeigen, dass stabile Renten auch bei höherem Aktienanteil möglich sind. Lesen Sie dazu bitte auch den Abschnitt ab Seite 135.

Durch die Investitionen in Aktien sind deutlich höhere Renditen als bei Versicherungsprodukten möglich. In guten Börsenjahren wächst der Kapitalstock sogar trotz der Entnahmen weiter (siehe Kapitel 11). Gleichzeitig schützen die ausgefeilten Entnahmestrategien auch bei Börsencrashs vor starken Rentensenkungen. Bei der fixen Rente bleibt die Auszahlung sogar über 30 Jahre gleich. Insgesamt liegen die Entnahmen deutlich höher als bei der Sofortrente: Ein weiterer Vorteil des Pantoffel-Auszahlplans: Wenn Sie vor Ablauf der kalkulierten 30 Jahre Restlebenszeit versterben, bekommen die Erben alles, was im Todesfall an Vermögen vorhanden ist.

Die Stiftung Warentest hat fünf Modelle entwickelt (siehe S. 136), bei denen selbst bei schlechten Börsenverläufen oder weiteren Nullzinsperioden das Geld bis zum Ende der geplanten Laufzeit reicht. Von der Wahl der Entnahmestrategie hängt es ab, wie hoch und wie stabil die monatliche Zahlung ist und welches Steigerungspotenzial sie hat. Und auch, wie viel Geld am Ende für Ihre Nachkommen übrig bleibt.

Bei der fixen Rente und vor allem bei der Zins- und Dividendenrente ist das sogar teilweise deutlich mehr als die ursprünglich eingezahlten

100 000 Euro (siehe Tabelle, Kapitel 11, S. 143). Anders als bei einer Rentenversicherung sind allerdings Mindesthöhen und lebenslange Zahlungen nicht garantiert. Wenn es an den Finanzmärkten über längere Zeit ganz schlecht läuft und Sie gleichzeitig sehr alt werden, könnte bei einigen Entnahmevarianten am Ende des Geldes Lebenszeit übrig bleiben. Wahrscheinlich ist das zwar nicht. Aber checken Sie Ihre eigenen Bedürfnisse, bevor Sie an die Absicherung der Nachfahren denken.

Mit unserem Rechner können Sie herausfinden, wie hoch die Entnahme über eine bestimmte Laufzeit bei einer festgelegten Verzinsung sein kann. Alternativ zeigt der Rechner, welches Anfangsvermögen für eine bestimmte Rente nötig ist oder über welche Laufzeit eine bestimmte Rente reicht. Sie können auch angeben, ob am Ende der Laufzeit ein bestimmter Betrag übrig sein soll. Wollen Sie keinen Kapitalverzehr, setzen Sie das Endvermögen auf die gleiche Höhe wie das Anfangsvermögen.

Das ist Ihr Plan: So gehen Sie vor!

Den Nachkommen Geld vererben und gleichzeitig von einer attraktiven Zusatzrente profitieren: Das geht, wenn Sie auf ein wenig Sicherheit verzichten. Gehen Sie dann Schritt für Schritt vor.

Schritt 1 Planen Sie Ihren Nachlass frühzeitig! Wem wollen Sie was vererben? Passt die gesetzliche Erbfolge für Sie? Ansonsten machen Sie ein Testament.

Schritt 2 Wenn Sie Vermögenswerte haben, die die Freibeträge übersteigen, können Sie die Steuer bei frühzeitiger Planung per Schenkung reduzieren oder gar vermeiden. Bei der Schenkung einer Immobilien können Sie sich durch Nießbrauch die wirtschaftliche Nutzung sichern und damit auch den Wert der Schenkung reduzieren.

Schritt 3 Prüfen Sie, ob Rente und Anwartschaften ausreichen, um den Lebensabend zu bestreiten. Ziehen Sie realistisch Bilanz. Sind Sie auf eine private Zusatzrente angewiesen? Wer auf Nummer sicher gehen will, setzt auf eine Sofortrente. Dann müssen Sie allerdings bei Rentenhöhe und auch bei der Absicherung der Nachfahren Abstriche machen. Vergleichen Sie die Angebote – die Preisunterschiede sind enorm.

Schritt 4 Wenn Sie nicht auf eine lebenslange Rente angewiesen sind und möglichst viel an Ihre Nachfahren weitergeben möchten, ist eine Pantoffel-Rente erste Wahl. Wer bereits ein Portfolio aufgebaut hat, kann es weiterlaufen lassen und sich per Entnahmeplan selbst eine Rente auszahlen. Die besten Chancen auf einen hohen Nachlass haben Sie mit der fixen Rente und der Zins- und Dividendenrente. Möglich, dass am Ende trotz Entnahmen deutlich mehr als die 100000 Euro bleiben, die Sie ursprünglich eingezahlt haben. Beim selbst gebauten Pantoffel-Portfolio zahlen Sie sich die Rente aus dem Tagesgeld. Passen Sie die Gewichtung von Risiko- und Renditebausteinen deshalb regelmäßig an, um die geplante Pantoffel-Struktur zu erhalten.

Stichwortverzeichnis

A

Aktien-ETF 11, 16, 66, 80
– Kind 72
– Risikoklasse 73, 136, 155
Altersteilzeit 104, 116
Altersvorsorge
– vererben 153
– Familie 49
Angehörige absichern 49
Anleihen siehe Geldmarkt-ETF 45
Arbeitnehmersparzulage 92

B

Bankkredit, Immobilie 92
Bausparvertrag 92, 98
Beimischung, Pantoffel-Portfolio 81, 85
Berufsunfähigkeitsversicherung (BU) 48, 56
Betriebsrente 50, 77, 79, 115
Broker wählen 71, 73
Budgetplan 16
Budgetregel 27

C / D

Carsharing 25
Dauerauftrag einrichten 28
Depot (Definition) 45
Depoteröffnung, Kind 73
Dispokredit 31

E

Effizienzhaus 93
Effizienzhausstandard 94
Eigenkapital, Immobilie 89
Einlagensicherung 41
Einmalanlage
– Kindersparen 68
– Pantoffel-Portfolio 66
Energetische Sanierung 93, 153
Entnahmestrategien 135, 138, 141
– Pantoffel-Rente 143
Erbfall 10, 50, 52, 90, 146, 147
Erbschaftssteuer 50, 150
Erwerbsminderungsrente 119
ESG, Nachhaltigkeit 68
ETF 6 siehe auch Aktien-ETF
– Geldanlage Kind 68
ETF-Auszahlplan 118
ETF-Sparplan 10, 25
– Depotanbieter 86
– einrichten 18
– fürs Kind 69
– Geldmarkt-ETF 87
– Vermögenswirksame Leistungen 79

F

Familienheim 50, 152
Familienpolice 53
Festgeld 8, 18, 41, 46
Finanzielle Freiheit, Money Goal 123
Finanzierungsplan, Immobilie 95
Fixe Rente, Entnahmestrategie 136
Fixkosten senken 23
Flexible Rente, Entnahmestrategie 136
Freistellungsauftrag 70, 74
Frührente planen 110, 121
– Abschläge 112, 117
– Timing 114
– weiterarbeiten 119
FTSE All World 67

G

Geldmarkt-ETF (Anleihen) 40, 45, 87
Geld-Ziel siehe Money Goal
Geringerverdienende 60
Gesetzliche Erbfolge 147
Girokonto, kostenfreies 24
Glaubenssätze 8

H

Haftpflichtversicherung 48
Haushaltsbuch führen 22

I

Immobilie, Eigenkapital 89
Immobilien vermachen 152
Immobilienkauf 6, 88
Inflation 42, 79
Invaliditätsversicherung, Kind 48, 59

K

Kapitalaufbau, Immobilie 92
Kassensturz 20
KfW-Programme, Immobilie 93
Kind, Vermögensaufbau 62
Kindergeld 65
– anlegen 72
Konsumkredit 32
Kreditschulden priorisieren 33

L
Lawinenmethode 33
Lebensarbeitszeitkonto 104
Lebensrisiken, Schutz 48
Lernende Rente, Entnahmestrategie 136

M
Magisches Dreieck 5
Mobilität, Sparpotenziale 24
Money Goal 5
– Erfolg 14
– Mittel 15
– Nutzen 14
– Zeitplan 15
– Ziel 4, 13
MSCI ACWI 67, 81
MSCI SRI 68
MSCI World 25, 67, 81

N/O
Nachhaltig anlegen 68,
Nachlass planen 146
Neobroker 71
Nießbrauch 156
Overnight-ETF 45

P
Pantoffel-Portfolio
– Altersvorsorge 80
–, ausgewogenes 83
–, defensives 82
– Einmalanlage 66
– Familie 49
– Kind 66
–, offensives 83
– Sparplan 83
– umsetzen 86
Pantoffel-Rente 118, 132, 133
– Entnahmestrategien 135
– vererben 155
Patchworkfamilie, Erbe 51, 148
Private Rentenversicherung 78
Private Sofortrente 118
Puffer-Rente 136

R
Rendite, Geldanlage 5, 6
Renditebaustein 67, 81
– Altersvorsorge 80
Rente aufbessern 132
Rente mit Puffer, Entnahmestrategie 136
Rentenkasse, Extraeinzahlungen 117
Rentenlücke berechnen 76
Riester-Rente 78
Riester-Vertrag, Sabbatical 107
Riester-Zulagen 60
Risikolebensversicherung 48, 54

S
Sabbatical 100
Schneeballmethode 35
Schuldenfalle 29, 30, 35
Schuldnerberatung 36
Sicherheit, Geldanlage 5
Sicherheitsbaustein 64, 66, 80, 81, 90
– Altersvorsorge 80
SMART-Methode 13, 17
Sparangebote finden 41
Sparerfreibetrag 74
Sparpotenziale ermitteln 23
Sparrechner 41
Sparsumme festlegen 27

T
Tagesgeld 18, 41
Tagesgeldkonto 28
– eröffnen 43
Temporäre Auszeit siehe Sabbatical
Testament 148
Thesaurierende Fonds 70, 81
Treppenstrategie 46

U
Überschuldung 35
Unbezahlter Sonderurlaub 106
Unverheiratete, Sicherheit 50

V
Verbraucherinsolvenz 37
Vererben 146
Verfügbarkeit, Geldanlage 5
Vermögenswirksame Leistungen (VL) 79
Versicherungen checken 24
Verzugszinsen 29
Videoident-Verfahren 73
Vorsorgeziel klären 75

Z
Zeithorizont, Geldanlage 6
Zeitwertkonto 104
– Sabbatical 102
Zins- und Dividendenrente, Entnahmestrategie 136
Zinseszins, Rentenlücke 75
Zinseszinseffekt 42

Birgit Wetjen ist Diplom-Volkswirtin, Finanzjournalistin und Master-Coach. Seit 1994 arbeitet sie als Wirtschafts- und Finanzjournalistin, Moderatorin und Key-Note-Speakerin. Die Autorin zahlreicher Finanzbücher ist seit 2021 Mitglied der Chefredaktion des Frauenfinanzmagazins Courage.

Heinz-Peter Arndt ist Diplom-Volkswirt und hat Journalistenschulen in Köln und Paris besucht. Seit 1994 arbeitet er als Wirtschafts- und Finanzjournalist u. a. für den WDR, Zeit, Handelsblatt, Wirtschaftswoche, Capital, Börse Online und Courage. Er ist Autor zahlreicher Finanzbücher.

Die Stiftung Warentest wurde 1964 auf Beschluss des Deutschen Bundestages gegründet, um Verbraucherinnen und Verbrauchern durch vergleichende Tests von Waren und Dienstleistungen eine unabhängige und objektive Unterstützung zu bieten. Mehr zu unserem Qualitätsanspruch und viele weitere Bücher finden Sie unter www.test.de.

Gedruckt in Deutschland · Mineralölfreie Druckfarben

© 2025 Stiftung Warentest, Berlin
ISBN: 978-3-7471-0902-1

Stiftung Warentest
Lützowplatz 11–13, 10785 Berlin
www.test.de
email@stiftung-warentest.de
USt-IdNr.: DE136725570

Vorständin: Julia Bönisch

Programmleitung: Niclas Dewitz
Autoren: Birgit Wetjen, Heinz-Peter Arndt
Projektleitung: Philipp Sperrle
Lektorat: Heike Plank
Fachliche Beratung: Michael Beumer
Korrektorat: Christoph Nettersheim
Verlagsherstellung: Rita Brosius (Ltg.), Romy Alig, Susanne Beeh
Druck: MEO MEDIA, eine Marke der Meinders & Elstermann GmbH & Co. KG, Belm

Bei Fragen zur Sicherheit dieses Produkts wenden Sie sich bitte an:
gpsr@stiftung-warentest.de

Stiftung Warentest